Krafttraining

Krafttraining

Theorie und Praxis

Hans-Ruedi Kunz, Werner Schneider,
Hans Spring, Thomas Tritschler
und Edith Unold Inauen

Geleitwort von Jürgen Weineck

152 Abbildungen, 4 Tabellen

1990
Georg Thieme Verlag Stuttgart · New York

Dr. Hans-Ruedi Kunz
Laboratorium für Biomechanik, ETH-Zentrum
CH-8092 Zürich

Dr. med. Werner Schneider
Hauptstraße 39
CH-8280 Kreuzlingen

Dr. med. Hans Spring
Rheuma- und Rehabilitations-Klinik
CH-3954 Leukerbad

Thomas Tritschler
Leiter der Physiotherapieschule, Kantonsspital
CH-8208 Schaffhausen

Edith Unold Inauen
Laboratorium für Biomechanik, ETH-Zentrum
CH-8092 Zürich

Zeichnungen: Peter Freitag, Schwäbisch Gmünd

CIP-Titelaufnahme der Deutschen Bibliothek

Krafttraining : Theorie und Praxis / H.-R. Kunz . . . Geleitw.
von J. Weineck. – Stuttgart ; New York : Thieme, 1990
NE: Kunz, Hans-Ruedi [Mitverf.]

Printed in Germany
Satz und Druck: Druckhaus Götz KG, D-7140 Ludwigsburg (Linotype System 5 [202])

ISBN 3-13-748501-0 . 1 2 3 4 5 6

Geleitwort

Krafttraining spielt nicht nur im Leistungs- und Hochleistungssport eine wichtige Rolle, sondern auch im Bereich der allgemeinen Fitneß, der Haltungsprophylaxe und der Rehabilitation. Alle diese Bereiche benötigen ein der individuellen Belastbarkeit und dem augenblicklichen Trainingszustand angepaßtes Training.
In dem vorliegenden Buch ist es dem Autorenteam in glänzender Weise gelungen, dem Leser eine allgemeinverständliche, praxisbezogene und mit den jeweils vorliegenden Trainingsmitteln unmittelbar umsetzbare Handreichung für ein auf seine Bedürfnisse zugeschnittenes Krafttraining zu geben.
Der besondere Vorteil des Buches liegt für den Praktiker unter anderem darin begründet, daß der prägnante und alle wichtigen Informationen beinhaltende Theorieteil – er ist dem umfangreichen und didaktisch-methodisch hervorragend aufbereiteten Praxisteil nachgeschaltet – keine Voraussetzung für die praktische Umsetzung darstellt. Bei jeder der 105 vorgestellten, streng nach Funktionsbereichen geordneten Übungen, ist auf einen Blick die Ausführung, der Muskeleinsatz und je nach Zielsetzung (Maximalkraft, Schnellkraft, Kraftausdauer) die erforderliche Wiederholungszahl, die Bewegungsgeschwindigkeit und das Trainingsmittel zu ersehen. Umgekehrt enthalten die theoretischen Ausführungen für den interessierten Leser eine Vielzahl wichtiger verständnisfördernder Informationen und Hinweise, die Sinn und Problematik des vorgestellten Grundprogramms („Top Eight") bzw. des systematischen Übungsprogramms verdeutlichen. Das Buch vermittelt in bisher nicht dagewesener Prägnanz ein für jedermann verständliches Hintergrundwissen, das in eindrucksvoller Weise auch auf die Gefahren eines unsachgemäßen und einseitigen Krafttrainings hinweist: Die Zielsetzung ist nicht, die Kraft maximal und maximal schnell zu entwikkeln, sondern im Rahmen einer gesunden und harmonischen körperlichen Entwicklung optimal aufzubauen.
Kurz: Dieses praxisorientierte, aber dennoch mit höchstem wissenschaftlichen Anspruch geschriebene Buch gehört zum Allerbesten, was bislang im Krafttrainingsbereich publiziert wurde. Es sollte zur Pflichtlektüre aller Trainer, Athleten, Turn- und Sportlehrer, Physiotherapeuten, Krankengymnasten und Breiten- und Freizeitsportler gehören.

Erlangen, im Frühjahr 1990

Dr. med. Jürgen Weineck
Sportzentrum der Universität
Erlangen-Nürnberg

Vorwort

Das Krafttraining ist in den letzten Jahren neben dem Ausdauertraining zu einem „Modetraining" geworden. Es wurden unzählige Fitneßstudios eröffnet mit dem Ziel, die Sportler kräftiger zu machen. Allerdings gehen die Meinungen über die Krafttrainingsgestaltung weit auseinander. Die einen sind der Ansicht, daß die Kraftmaschinen die richtigen Krafttrainingsgeräte sind, die anderen schwören auf die Arbeit mit der Scheibenhantel. Viele behaupten, für einen großen Kraftgewinn müßten die Bewegungen langsam ausgeführt werden, die Leistungssportler sind eher gegenteiliger Ansicht.

Das richtige Krafttraining gibt es nicht. Alle Varianten haben ihre Vorzüge und Nachteile und damit ihre Berechtigung.

Das vorliegende Krafttrainingsbuch soll darüber Auskunft geben, wie das Krafttraining, ausgerichtet auf die persönlichen Bedürfnisse, gestaltet werden kann. Es richtet sich an den Sportler wie auch an den Trainer, den Turnlehrer und den Sportlehrer, aber auch an den Physiotherapeuten, den Krankengymnasten und den Arzt.

Das Autorenteam mit zwei in der Biomechanik, im Leistungssport und in der Schule tätigen Sportlehrern, zwei in der Sportmedizin und der manuellen Medizin aktiven Ärzten und einem in den gleichen Fachgebieten tätigen Physiotherapeuten gewährleistet eine kompetente und umfassende Beantwortung der zum Thema Krafttraining aufgeworfenen Fragen.

Wir möchten an dieser Stelle Herrn Dr. E. Stüssi, dem Leiter des Laboratoriums für Biomechanik der ETH Zürich für die Benützung der Meßapparaturen und der Infrastruktur des Labors herzlich danken. Bedanken möchten wir uns auch beim Schweizerischen Nationalen Komitee für Elitesport (NKES) für die finanzielle Unterstützung bei der Durchführung der Versuche. In den Dank eingeschlossen ist auch Herr P. Freitag, der es hervorragend verstand, die Bewegungen graphisch darzustellen. Nicht zuletzt sind wir dem Georg Thieme Verlag, insbesondere Herrn A. Menge und Herrn G. Krüger für die gute Zusammenarbeit zu Dank verpflichtet.

Zürich, im Frühjahr 1990 H.-R. Kunz, W. Schneider, H. Spring
T. Tritschler, E. Unold Inauen

Inhaltsverzeichnis

1 Einleitung

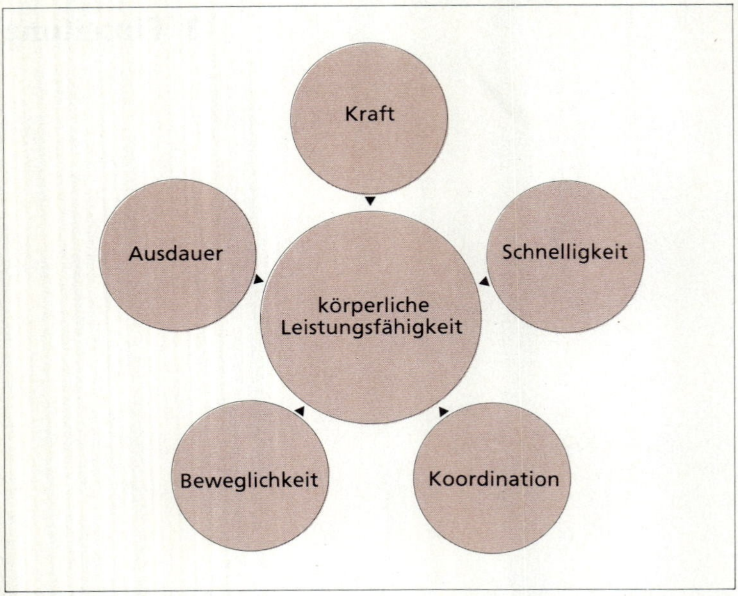

Abb. 1 Konditionelle Fähigkeiten als Faktoren der körperlichen Leistungsfähigkeit

Jede sportliche Leistung ist vom Niveau der physischen, der psychischen, der taktisch-kognitiven Fähigkeiten und der technischen Fertigkeiten abhängig. Bei jeder Sportart spielen diese Faktoren eine unterschiedliche Rolle. Sie können je nach den verlangten Fähigkeiten leistungsbestimmenden Einfluß nehmen.
Der wichtigste Faktor für die sportliche Leistung ist in den meisten Sportarten die körperliche Leistungsfähigkeit. Darunter versteht man das Niveau der konditionellen Fähigkeiten (Abb. 1).
Die konditionellen Fähigkeiten haben je nach Sportart eine unterschiedliche Bedeutung. Bei der Sportgymnastik sind die Beweglichkeit und die Koordination leistungsbestimmend, beim Langstrekkenlauf die Ausdauer oder beim Gewichtheben die Kraft.
Wird nur eine gute allgemeine Fitneß angestrebt, so kann man sich auf die Förderung der Ausdauer, der Kraft und der Beweglichkeit beschränken (Abb. 2). Das Niveau dieser drei Fähigkeiten ist dafür

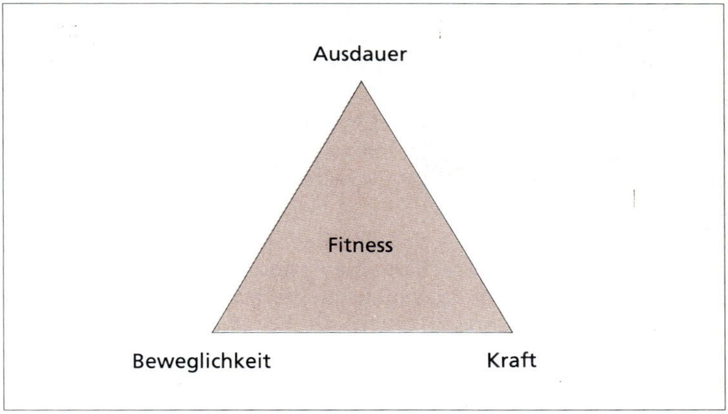

Abb. 2 Wesentliche konditionelle Fähigkeiten für das Erreichen einer guten Fitneß

verantwortlich, ob man sich fit und gesund fühlt. Insofern ist es auch die Basis für ein gesundes und verletzungsfreies Sporttreiben auf jeglichem Leistungsniveau.
Die *Kraft* beeinflußt die körperliche Leistungsfähigkeit bei den einzelnen Sportarten unterschiedlich. Während sie bei den Kraftsportarten leistungsbestimmend ist, hat sie beispielsweise bei den Ausdauersportarten nur gesundheitserhaltenden Charakter. Deshalb soll das Krafttraining für den Gewichtheber nicht gleich aussehen wie das Krafttraining für den Marathonläufer. Selbst innerhalb der Kraftsportarten (z. B. Kugelstoßen, Bodybuilding) kann das optimale leistungsorientierte Krafttraining sehr verschieden sein.

Die große Vielfalt der Möglichkeiten im Krafttraining bereitet den Laien, gelegentlich aber auch den Sachverständigen Mühe, sich auf geeignete Trainingsvarianten festzulegen. Im vorliegenden Krafttrainingsbuch wird auf verschiedenste Bereiche des Krafttrainings eingegangen und dadurch versucht, Entscheidungsgrundlagen für das zu wählende Krafttraining zu geben.

Im ersten, praktischen Teil des Buches werden sinnvolle Trainingsübungen mit verschiedenen Trainingsmitteln vorgestellt. Die „Top Eight" für Anfänger und für Fortgeschrittene sind zwei Beispiele möglicher Trainingsgestaltungen.

Das nach Gelenkfunktionen eingeteilte systematische Übungsprogramm sollte mit Hilfe der Anleitung zielgerichtet angewendet werden können. Bei den einzelnen Übungen ist neben der Bewegungsausführung auch der Einsatz der verschiedenen Muskeln ersichtlich. Die Aktivität der Muskulatur wurde am Laboratorium für Biomechanik der ETH Zürich mit Hilfe von elektromyographischen Messungen untersucht. Die Hinweise enthalten zusätzliche Informationen zur Ausführung der Übungen.

Im zweiten, theoretischen Teil des Buches wird auf anatomische, physiologische und biomechanische Grundlagen eingegangen und das Training der Kraft systematisch beschrieben. Diese theoretischen Informationen sollen helfen, die Vorgänge im Trainingsprozeß besser zu verstehen, um ein auf den Sportler und die Sportart abgestimmtes Krafttraining gestalten zu können.

2 Anleitung zum Krafttraining

Die Übungen des praktischen Krafttrainings werden in zwei Abschnitte unterteilt:

- Grundprogramm für Anfänger und für Fortgeschrittene „Top Eight",
- systematisches Übungsprogramm.

Grundprogramm („Top Eight")

Im Grundprogramm sind acht unterschiedliche Kraftübungen zu einem ausgewogenen Training zusammengestellt. Die Übungen sind so ausgewählt, daß bei der Ausführung die wesentlichen Muskelgruppen des ganzen Körpers aktiviert und dadurch gekräftigt werden. Das Programm ist darauf ausgerichtet, das muskuläre Gleichgewicht zu erhalten. Es empfiehlt sich, die Übungen als Kreistraining durchzuführen. Die Anzahl Durchgänge, die Wiederholungszahlen, die Bewegungsgeschwindigkeit und die Pausenlängen sind nach dem gewünschten Trainingseffekt zu wählen (Kap. 6).
Das *Anfängerprogramm* enthält Übungen gegen den Widerstand des eigenen Körpergewichtes. Sie können beinahe überall und gefahrlos durchgeführt werden. Da die Widerstände in den meisten Fällen nicht sehr hoch sind, werden damit vor allem die Schnellkraft und die Kraftausdauer trainiert.
Das *Programm für Fortgeschrittene* ist ein komplexes Trainingsprogramm, das aus Übungen mit der Scheibenhantel, mit Kraftmaschinen und dem eigenen Körpergewicht besteht. Da die Widerstände bei den einzelnen Übungen eher groß sind oder groß gewählt werden, wird mit diesem Programm vor allem die Maximalkraft gesteigert.

Systematisches Übungsprogramm

Das systematische Übungsprogramm enthält Trainingsübungen mit dem eigenen Körpergewicht, mit Hanteln oder kleinen Zusatzgewichten, mit Kraftmaschinen, mit Partner und mit Gummizug. Die isolierten eingelenkigen Kraftübungen (z. B. mit Maschinen) bewirken eine Kraftsteigerung einzelner Muskeln oder Muskelgruppen. Bei den mehrgelenkigen Übungen werden mehrere Muskeln gleichzeitig gekräftigt und die Bewegungskoordination gefördert.
Alle Übungen sind in der Ausgangs- und in der Endstellung gezeichnet. In der Ausgangsstellung sind zudem die wichtigsten Muskeln eingezeichnet, die dabei trainiert werden.

Die Übungen können je nach Zielsetzungen entsprechend der schematischen Darstellung (Tab. 1) mit unterschiedlichen Belastungen, Wiederholungszahlen und Bewegungsgeschwindigkeiten durchgeführt werden. Sinnvolle Varianten sind in der Tabelle markiert. Nicht markierte Varianten sind bei gegebener Übungssituation nicht empfehlenswert. Das Vorgehen soll am Beispiel der Übung „Tiefe Kniebeugen mit der Scheibenhantel" erläutert werden.

Maximalkraft (intramuskuläre Koordination/IK). Wenn die intramuskuläre Koordination gesteigert werden soll, muß mit geringen Wiederholungszahlen (z. B. 5) und sehr hohen Belastungen (z. B. 85% des Maximums) zügig bis schnell gearbeitet werden. Eine explosive Bewegung (maximaler Einsatz) bei 1–2 Wiederholungen ist bei dieser Übung nicht sinnvoll.

Maximalkraft (Muskelquerschnitt/MQ). Sie kann auf unterschiedliche Art gefördert werden, z. B. 10 Wiederholungen mit 70% der maximalen Belastung bei zügiger Ausführung. Eine eher schnellere Querschnittvergrößerung wird erreicht bei einer langsamen Bewegungsausführung (isokinetisch) bei 10 Wiederholungen mit 60% der maximalen Belastung.

Schnellkraft. Die tiefen Kniebeugen mit der Scheibenhantel sind keine geeignete Variante, um die Schnellkraft zu fördern.

Kraftausdauer. Sie kann durch ein Training mit z. B. 30 Wiederholungen und 40% der maximalen Belastung bei zügiger bis schneller Bewegungsausführung gesteigert werden.

Tabelle 1 Schema der Übung „Tiefe Kniebeugen mit der Scheibenhantel" S. 111

Belastung	Wiederholungszahl 1–5	6–15	16–25
100%–75%	■		
75%–50%		■	
50%–25%			■

Kraftart	Bew. Geschwind.	Trainingsmittel
Maximalkraft IK	explosiv	eig. Körpergew.
Maximalkraft MQ	**schnell**	**Hanteln, Med.ball**
Schnellkraft	**zügig**	Maschine Partner
Kraftausdauer	**langsam**	Gummizug

Bewegungsausführung

Beim Krafttraining können die Muskulatur und die passiven Bewegungselemente Knochen, Knorpel, Bänder und Sehnen zum Teil extrem belastet werden. Es ist deshalb sehr wichtig, daß die Trainingsübungen technisch richtig ausgeführt werden. Die Bewegungsausführung ist bei den meisten Kraftübungen mit dem eigenen Körpergewicht, mit den Kraftmaschinen und mit dem Gummizug unproblematisch. Dagegen ist es durchaus möglich, daß sich der Ungeübte bei Partnerübungen und vor allem beim Hanteltraining wegen falscher Bewegungsausführung verletzt. Am meisten gefährdet ist dabei der Rücken. Verletzungsproblemen in diesem Bereich kann vorgebeugt werden, indem folgende Richtlinien beachtet werden:

– Der Rücken ist bei allen Gewichthebeübungen gerade zu halten. Eine aufrechte Kopfhaltung (Blick nach vorne) hilft dabei.
– Bevor die Belastung erhöht werden darf, muß die Rumpfmuskulatur auftrainiert werden und der Bewegungsablauf technisch richtig sein (Abb. 3).

Bei allen Krafttrainingsübungen muß man sich bewußt sein, daß eine schnelle Bewegungsausführung den Körper mehr belastet als eine langsame Übungsform. Wer aber mit Hilfe des Krafttrainings seine sportliche Leistungsfähigkeit steigern will, kommt nicht um hohe Trainingsbelastungen herum. Grundsätzlich sollen alle Trainingsübungen so ausgeführt werden, daß nicht nur die Kraft gesteigert, sondern auch die im Sport oder Alltag verlangte spezifische Belastbarkeit erhöht wird. Es ist beispielsweise nicht sinnvoll, die Kraftübungen immer langsam auszuführen, wenn im Wettkampf

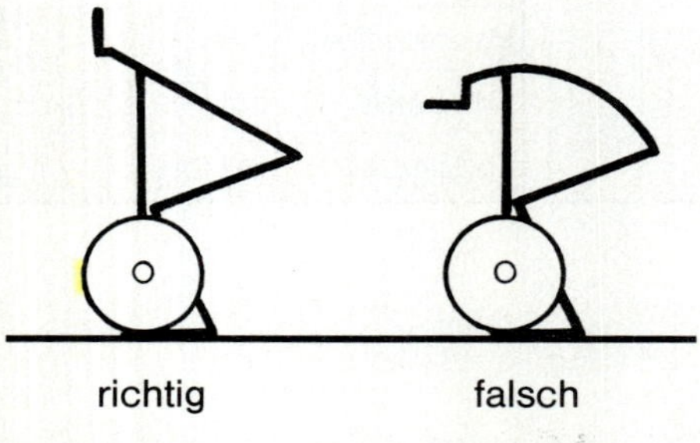

Abb. 3 Körperhaltung beim Heben von Gewichten

schnelle Bewegungen verlangt werden; oder es ist falsch, wenn Springer bei der Arbeit an den Kraftmaschinen am unteren Bewegungsanschlag die Muskulatur entspannen und wieder neu anspannen, weil dadurch ein sprungtypisches Bewegungsmerkmal und die entsprechende Belastbarkeit nicht verbessert werden.

Übungsauswahl

In einer Trainingseinheit empfiehlt es sich, 6–8 unterschiedliche Übungen im Kreissystem (Circuittraining) durchzuführen. Diese Trainingsform hat den Vorteil, daß für das gesamte Training weniger Zeit benötigt wird, vorausgesetzt, daß in der Folge der Übungen immer wieder andere Muskeln beansprucht werden.
Grundsätzlich sollen die Übungen so zusammengestellt werden, daß der ganze Körper harmonisch gekräftigt wird. Selbstverständlich sollen die leistungsspezifischen Muskeln speziell trainiert werden, aber ohne daß daraus ein muskuläres Ungleichgewicht entsteht. Je nach eigenen Schwachstellen, speziellen Zielsetzungen oder Trainingsstand können die Übungen ausgetauscht werden.
Während für Anfänger 1- bis 2mal pro Woche je 2 Durchgänge à 6–8 Übungen und nicht sehr hohen muskulären Belastungen genügen, können Leistungssportler 2- bis 3mal pro Woche bis zu 4–6 intensive Durchgänge absolvieren.

Belastungsbestimmung

Die Größe der Belastung (z. B. das Gewicht der Hantel) richtet sich nach der Zielsetzung und damit auch nach der geplanten Wiederholungszahl und der Bewegungsgeschwindigkeit (Kap. 6). Das Belastungsmaximum entspricht dabei demjenigen Widerstand, mit welchem die Bewegung einmal ausgeführt werden kann. Bei den eher ungefährlichen Übungen an den Kraftmaschinen kann zuerst das Maximum bestimmt und nachher mit dem geplanten prozentualen Anteil gearbeitet werden (z. B. 10 Wiederholungen mit 70% des Maximums). Bei vielen Hantelübungen ist das Bestimmen des Maximums nicht sinnvoll. Deshalb soll der Sportler in einem ersten Durchgang das Gewicht so wählen, daß er die geplante Wiederholungszahl sicher absolvieren kann. In einem nächsten Durchgang oder nach einigen Trainingseinheiten soll der Widerstand wenn nötig erhöht werden. Bei Kraftübungen mit dem eigenen Körpergewicht oder mit dem Gummizug bleibt vielfach nur die Möglichkeit, die Belastung durch eine Veränderung der Wiederholungszahl und eine Erhöhung der Bewegungsgeschwindigkeit zu steuern. Dies führt gelegentlich zu einem Zielkonflikt, weil sich dadurch die

Trainingswirkung ändern kann (z. B. Kraftausdauer- anstatt Maximalkrafttraining).

Trainingsgestaltung

Das Krafttraining ist eine Trainingseinheit, die ohne weiteres mit anderen Trainingseinheiten verbunden werden kann. Es ist beispielsweise durchaus sinnvoll, das Krafttraining an ein Techniktraining anzuhängen. Gewisse Kombinationen wie intensives Ausdauer- und Krafttraining sind aber nicht zu empfehlen. Wenn das Krafttraining isoliert durchgeführt wird, soll vorher immer der Kreislauf angeregt und die Muskulatur durch dynamische und statische Dehnübungen (Schwunggymnastik, Stretching) auf die Belastung vorbereitet werden. Krafttraining ohne Vorbereitung durchzuführen, ist nicht sinnvoll. Die gekräftigten Muskeln können auch zwischen den einzelnen Kraftübungen gedehnt werden. Es ist empfehlenswert, nach dem Krafttraining locker auszulaufen und vor allem die stark beanspruchte Muskulatur durch Stretching wieder auf ihre ursprüngliche Länge aufzudehnen.

3 Basisprogramm „Top Eight“

„Top-Eight“ für Anfänger

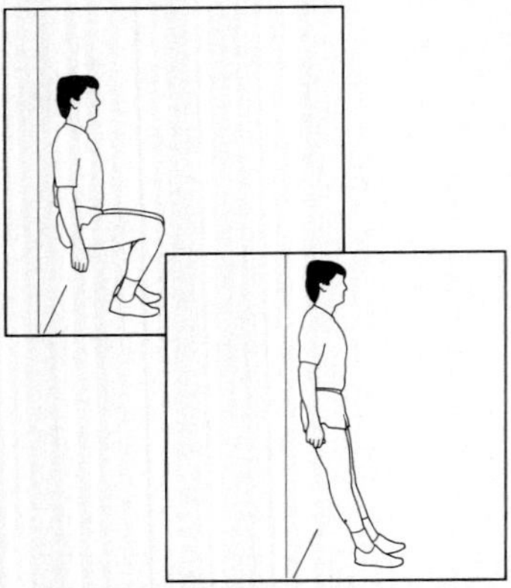

Übung 1 Kniebeugen und -strecken mit Rücken an glatter Wand (S. 35)

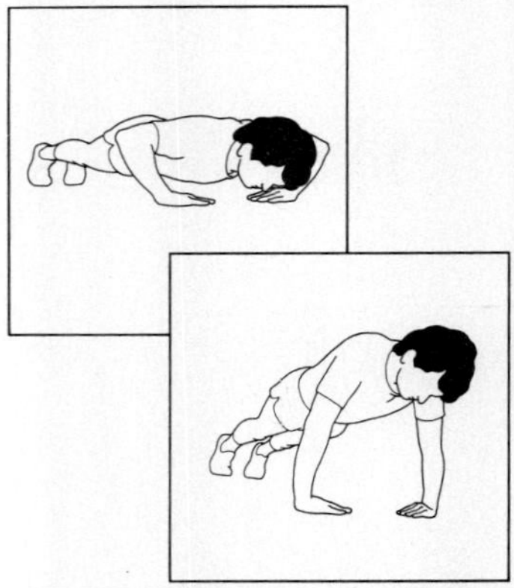

Übung 2 Liegestütze mit einwärts gedrehten Händen (S. 95)

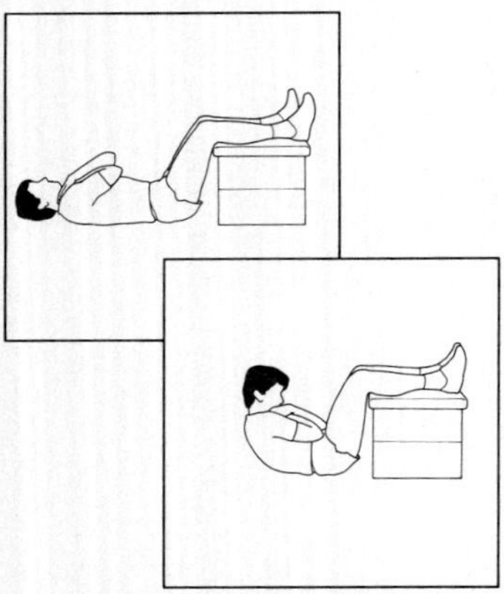

Übung 3 Oberkörper heben mit gleichzeitigem Fersendruck auf Kasten (S. 66)

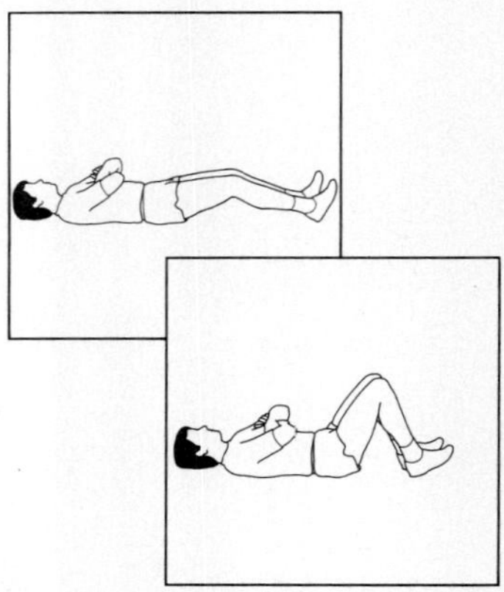

Übung 4 Oberkörper auf glatter Unterlage gegen die Fersen ziehen (S. 43)

Kunz u. a.: Krafttraining. Thieme, Stuttgart 1990

„Top Eight" für Anfänger

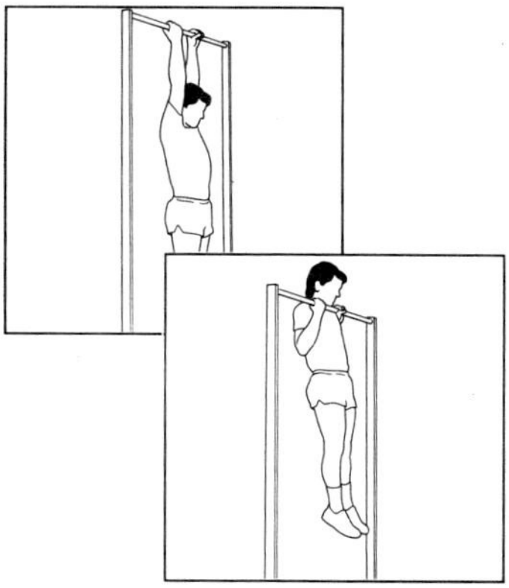

Übung 5 Klimmzüge im Zwiegriff (S. 100)

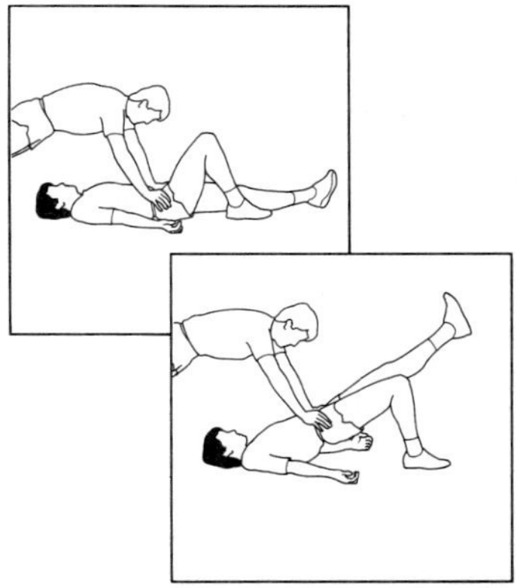

Übung 6 aus Rückenlage einbeinig Hüfte hochdrücken (S. 51)

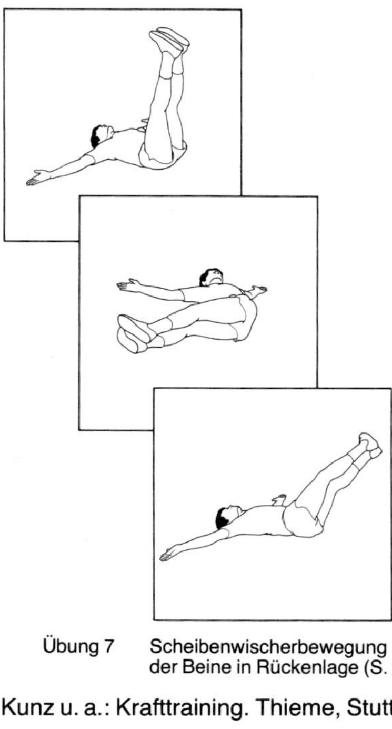

Übung 7 Scheibenwischerbewegung der Beine in Rückenlage (S. 124)

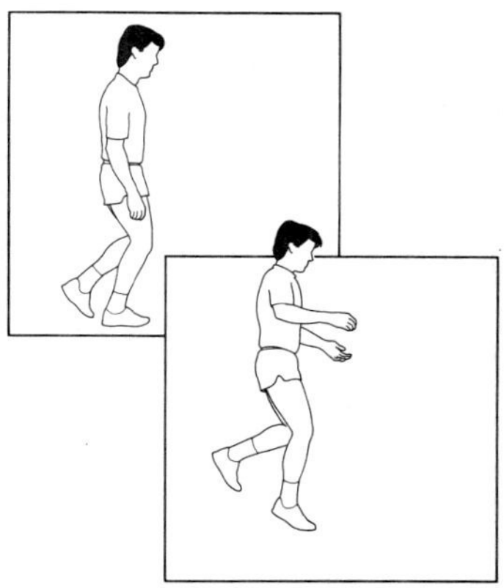

Übung 8 einbeinige Strecksprünge (S. 107)

Kunz u. a.: Krafttraining. Thieme, Stuttgart 1990

„Top Eight“ für Fortgeschrittene

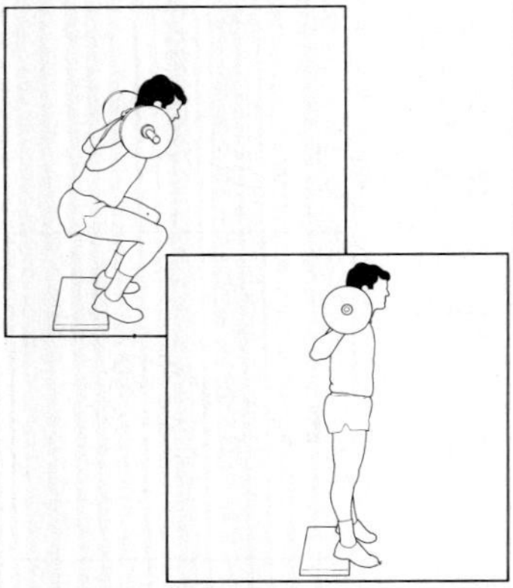

Übung 1 tiefe Kniebeugen mit Hantel auf den Schultern (S. 111)

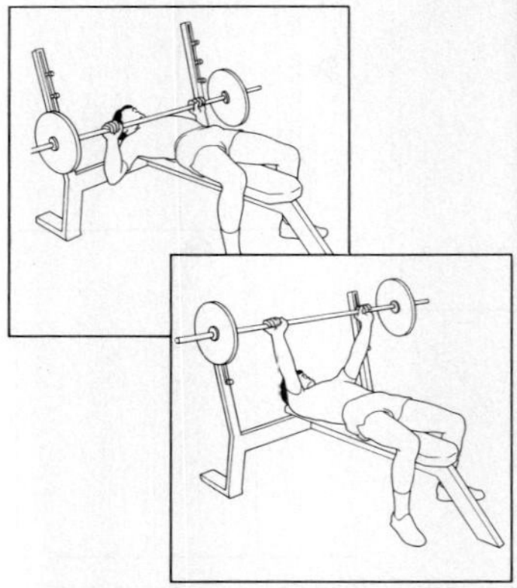

Übung 2 Bankdrücken (S. 96)

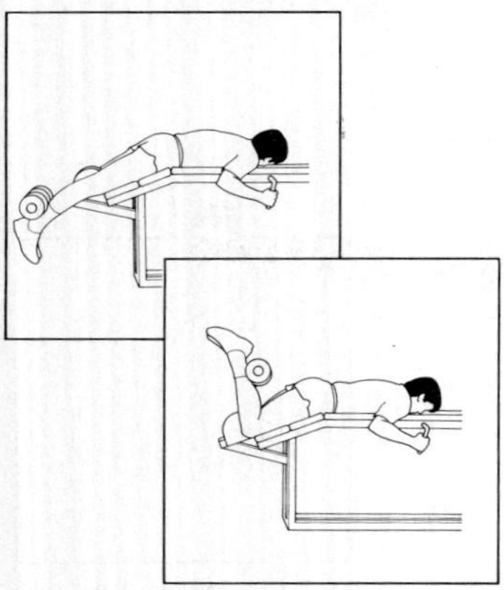

Übung 3 Kniegelenk beugen in Bauchlage (S. 45)

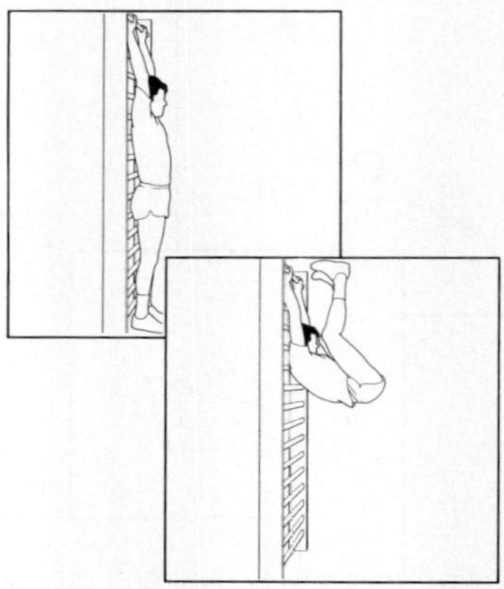

Übung 4 aus Hanglage einrollen (S. 118)

Kunz u. a: Krafttraining. Thieme, Stuttgart 1990

„Top Eight" für Fortgeschrittene

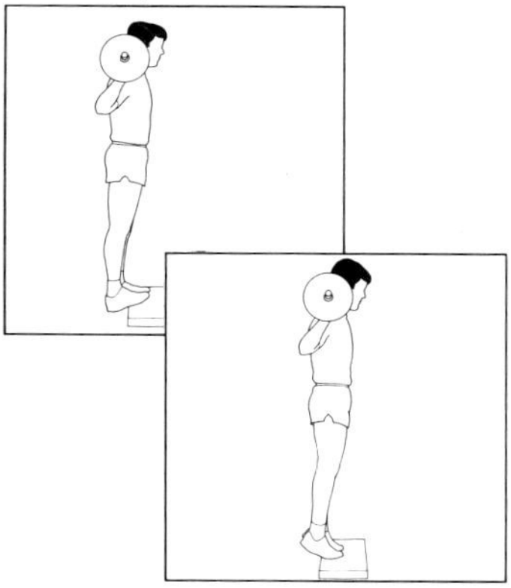

Übung 5 Fußgelenk strecken bei erhöhtem Vorfuß (S. 27)

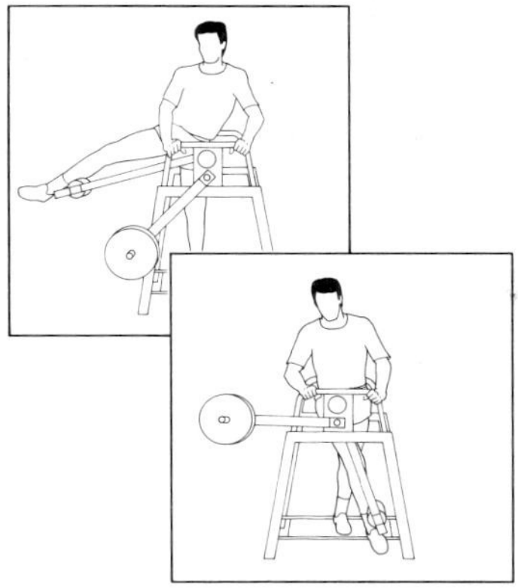

Übung 6 aus Einbeinstand Bein schließen (S. 60)

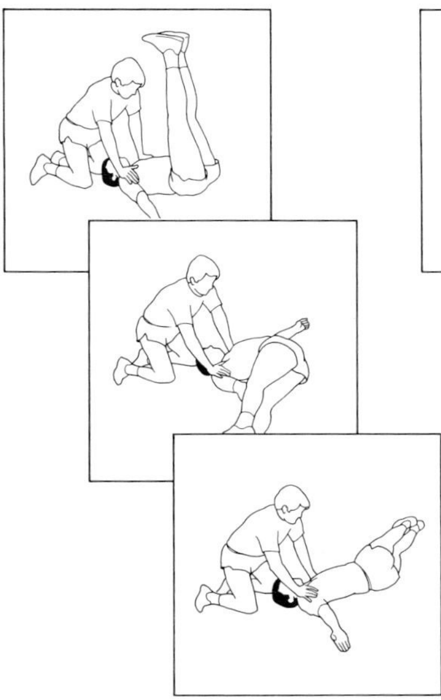

Übung 7 Scheibenwischerbewegung der Beine in Rückenlage (S. 73)

Übung 8 Umsetzen (S. 125)

Kunz u. a.: Krafttraining. Thieme, Stuttgart 1990

4 Systematisches Übungsprogramm

In Abb. 4 sind die wichtigsten Muskeln für die sportliche Bewegung dargestellt; ihre Funktionen sind in Tab. 2 beschrieben.

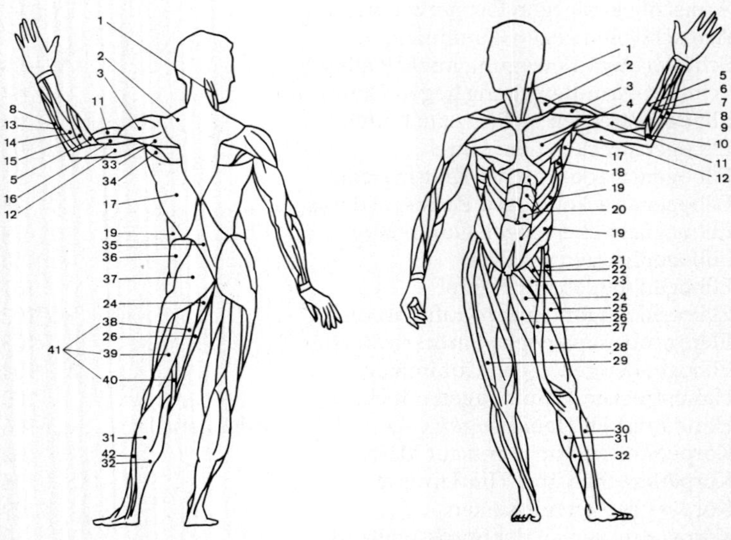

Abb. 4 Wichtigste Skelettmuskeln (nach Jonath u. Krempel 1981). Erläuterungen in Tab. 2.

Tabelle 2 Verzeichnis und Funktion der wichtigsten Skelettmuskeln (s. Abb. 4)

Name	Ursprung	Ansatz	Funktion
1 *Kopfwender* *M. sternocleido-mastoideus*	Brustbein, Schlüsselbein	Warzenfortsatz obere Nackenlinie	Kopf vorneigen Kopf drehen
2 *Kapuzenmuskel* *M. trapezius*	Hinterhaupt-schuppe Dornfortsätze der Hals- und Brust-wirbel	Schlüsselbein Schulterhöhe Schulterblattgräte	oben: Schultern heben Mitte: Schulter-blatt zu WS ziehen unten: Schultern senken
3 *Deltamuskel* *M. deltoideus*	Schlüsselbein Schulterhöhe Schulterblattgräte	Oberarmknochen	Arme schließen Arme öffnen Arme heben Arme drehen
4 *Großer Brustmuskel* *M. pectoralis major*	Schlüsselbein Brustbein Scheide des Bauchmuskels	Oberarmknochen	Arme schließen Arme vorwärts senken Arme einwärts drehen
5 *Oberarm-Speichen-Muskel* *M. brachioradialis*	Oberarmknochen	Speiche	Ellbogen beugen
6 *Speichen-Hand-beuger-Muskel* *M. flexor carpi ulnaris*	Oberarmknochen	Mittelhand-knochen	Handgelenk beugen Unterarm ein-drehen Ellbogen beugen
7 *Langer Finger-beuger* *M. palmaris longus*	Oberarmknochen	Fingerknochen	Finger beugen Handgelenk beugen Ellbogen beugen
8 *Ellen-Handbeuger-Muskel* *M. flexor carpi radialis*	Oberarmknochen	Mittelhand-knochen	Handgelenk beugen Unterarm aus-drehen Ellbogen beugen

Tabelle 2 Fortsetzung

Name	Ursprung	Ansatz	Funktion
9 *Oberflächlicher Fingerbeuger M. flexor digitorum superficialis*	Oberarmknochen	Fingerknochen	Finger beugen Handgelenk beugen Ellbogen beugen
10 *Runder Einwärtswender M. pronator teres*	Oberarmknochen	Elle	Unterarm einwärts drehen Ellbogen beugen
11 *Zweiköpfiger Oberarmmuskel M. biceps brachii*	Rabenschnabelfortsatz Höcker oberhalb Schultergelenkpfanne	Speiche	Ellbogen beugen Unterarm auswärts drehen Arme vorwärts heben
12 *Dreiköpfiger Oberarmmuskel M. triceps brachii*	Schulterblatt Oberarmknochen	Elle	Ellbogen strecken Arme vorwärts senken Arme rückwärts heben
13 *Ellenstrecker M. extensor carpi ulnaris*	Oberarmknochen	Mittelhandknochen	Handgelenk strecken Ellbogen beugen
14 *Gemeinsamer Fingerstrecker M. extensor digitorum communis*	Oberarmknochen Elle	Fingerknochen	Finger strecken Handgelenk strecken
15 *Speichenstrecker M. extensor carpi radialis*	Oberarmknochen	Mittelhandknochen	Handgelenk strecken
16 *Tiefer Armbeuger M. brachialis*	Oberarmknochen	Elle	Ellbogen beugen
17 *Breiter Rückenmuskel M. latissimus dorsi*	Dornfortsätze der 6 unteren Brust- und Lendenwirbel Kreuzbein Darmbein	Oberarmknochen	Arme vorwärts senken Arme seitwärts senken Arme einwärts drehen

Tabelle 2 Fortsetzung

Name	Ursprung	Ansatz	Funktion
18 *Sägemuskel* *M. serratus anterior*	1.–9. Rippe	Schulterblatt	Schulterblatt am Rumpf fixieren und drehen
19 *Äußerer schräger Bauchmuskel* *M. obliquus externus abdominis*	5.–12. Rippe	Darmbein Leistenband Schambein	Rumpf vorwärts beugen Rumpf seitwärts beugen Rumpf drehen
20 *Gerader Bauchmuskel* *M. rectus abdominis*	5.–7. Rippenknorpel Brustbein	Schambein	Rumpf vorwärts beugen Rumpf seitwärts beugen
21 *Schenkelbindenspanner* *M. tensor fasciae latae*	Darmbeinstachel	Schienbein	Hüfte beugen Bein abspreizen Becken stabilisieren
22 *Hüft-Lenden-Muskel* *M. iliopsoas*	12. Brust- und 1.–4. Lendenwirbel Darmbeinschaufel	Oberschenkelknochen	Hüfte beugen Becken stabilisieren
23 *Schambeinmuskel* *M. pectineus*	Schambeinkamm	Oberschenkelknochen	Beine schließen Beine auswärts drehen
24 *Langer Schenkelanzieher* *M. adductor longus*	Schambeinhöcker	Oberschenkelknochen	Beine schließen Hüfte beugen
25 *Gerader Oberschenkelmuskel* *M. rectus femoris*	Darmbeinstachel	Schienbein	Knie strecken Hüfte beugen
26 *Schlanker Muskel* *M. gracilis*	Schambein	Schienbein	Beine schließen Beine einwärts drehen Knie beugen

Tabelle 2 Fortsetzung

Name	Ursprung	Ansatz	Funktion
27 *Schneidermuskel* *M. sartorius*	Darmbeinstachel	Schienbein	Hüfte beugen Knie beugen Beine auswärts-drehen Unterschenkel ge-beugt einwärts drehen
28 *Innerer Schenkel-muskel* *M. vastus medialis*	Oberschenkel-knochen	Schienbein	Knie strecken Kniegelenk stabili-sieren
29 *Äußerer Schenkel-muskel* *M. vastus lateralis*	Oberschenkelhals	Schienbein	Knie strecken Kniegelenk stabili-sieren
30 *Vorderer Schien-beinmuskel* *M. tibialis anterior*	Schienbein	Keilbein 1. Mittelfuß-knochen	Fuß hochheben Fußinnenrand heben Fußgewölbe stützen
31 *Zweiköpfiger Wadenmuskel* *M. gastrocnemius*	Oberschenkel-knochen	Fersenbein	Fuß strecken Knie beugen
32 *Schollenmuskel* *M. soleus*	Wadenbein Schienbein	Fersenbein	Fuß strecken
33 *Untergrätenmuskel* *M. infraspinatus*	Schulterblatt	Oberarmknochen	Arme seitwärts heben Arme seitwärts senken Oberarm aus-wärts drehen
34 *Großer Rundmuskel* *M. teres major*	Schulterblatt	Oberarmknochen	Arme seitwärts senken Oberarm einwärts drehen

Tabelle 2 Fortsetzung

Name	Ursprung	Ansatz	Funktion
35 *Rückenstrecker M. erector spinae*	alle Wirbel Rippen Kreuzbein Darmbein	Kopf, Rippen Hals-, Brust-, Lendenwirbel	Rücken strecken Rumpf seitwärts beugen Rumpf drehen
36 *Mittlerer Gesäßmuskel M. glutaeus medius*	Darmbeinschaufel	Oberschenkelknochen (Trochanter)	Beine abspreizen Becken stabilisieren
37 *Großer Gesäßmuskel M. glutaeus maximus*	Darm-, Kreuz-, Steißbein	Oberschenkelknochen Oberschenkelfaszie	Hüfte strecken Beine abspreizen Beine schließen Beine auswärts drehen
38 *Halbsehniger Muskel M. semitendinosus*	Sitzbeinhöcker	Schienbein	Hüfte strecken Knie beugen Unterschenkel einwärts drehen
39 *Zweiköpfiger Oberschenkelmuskel M. biceps femoris*	Sitzbeinhöcker Oberschenkelknochen	Wadenbein	Hüfte strecken Knie beugen Unterschenkel auswärts drehen
40 *Halbmembranöser Muskel M. semimembranosus*	Sitzbeinhöcker	Schienbein	Hüfte strecken Knie beugen Unterschenkel einwärts drehen
41 *Sitzbein-Unterschenkel-Muskeln Mm. ischiocrurales (38, 39, 40)*	Sitzbeinhöcker Oberschenkelknochen	Schienbein Wadenbein	Hüfte strecken Knie beugen Unterschenkel drehen
42 *Wadenbeinmuskel M. peronaeus longus*	Wadenbein	Keilbein 1. Mittelfußknochen	Fuß strecken Fußaußenrand heben

▭ tonische Muskeln ▭ phasische Muskeln

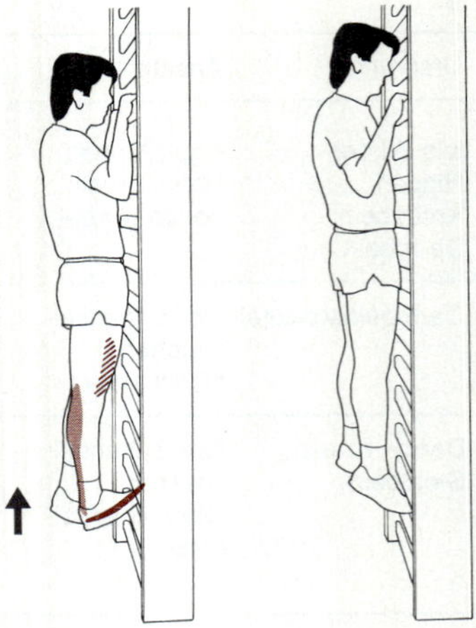

Ausführung

Fußgelenk strecken im Fußballenstand

Muskeleinsatz

zweiköpfiger Wadenmuskel
Schollenmuskel
innerer Schenkelmuskel
Fußmuskulatur

Hinweise

- Das Kniegelenk bleibt während der Bewegung gestreckt.
- Die Belastung kann durch Armzug vermindert werden.
- Beim Kraftausdauertraining ist die Übung beidbeinig ausgeführt sinnvoller.
- Die Übung kann auch auf dem Boden bei erhöhtem Vorfuß durchgeführt werden.

Belastung	Wiederholungszahl 1–5	6–15	16–25
100%			
75%			
50%			
25%			

Kraftart	Bew. Geschwind.	Trainingsmittel
Maximalkraft IK	explosiv	eig. Körpergew.
		Hanteln, Med.ball
Maximalkraft MQ	schnell	Maschine
Schnellkraft	zügig	Partner
Kraftausdauer	langsam	Gummizug

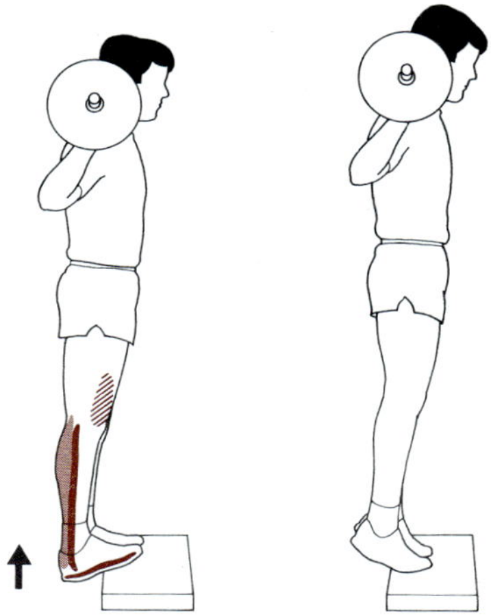

Ausführung

Fußgelenk strecken
bei erhöhtem Vorfuß

Muskeleinsatz

zweiköpfiger Wadenmuskel
Schollenmuskel
Wadenbeinmuskel
innerer Schenkelmuskel
Fußmuskulatur

Hinweise

- Die Übung soll mit gestreckten Knien durchgeführt werden.
- Die Trainingsform stellt hohe Ansprüche an die Gleichgewichtsfähigkeit. Große Wiederholungszahlen und eine langsame Bewegungsausführung sind deshalb nicht sinnvoll.
- Eine vertikale Hantelführung erleichtert den Bewegungsablauf.

Belastung	Wiederholungszahl 1–5	6–15	16–25
100% – 75%			
75% – 50%			
50% – 25%			

Kraftart	Bew. Geschwind.	Trainingsmittel
Maximalkraft IK	explosiv	eig. Körpergew.
Maximalkraft MQ	schnell	Hanteln, Med.ball
Schnellkraft	zügig	Maschine
		Partner
Kraftausdauer	langsam	Gummizug

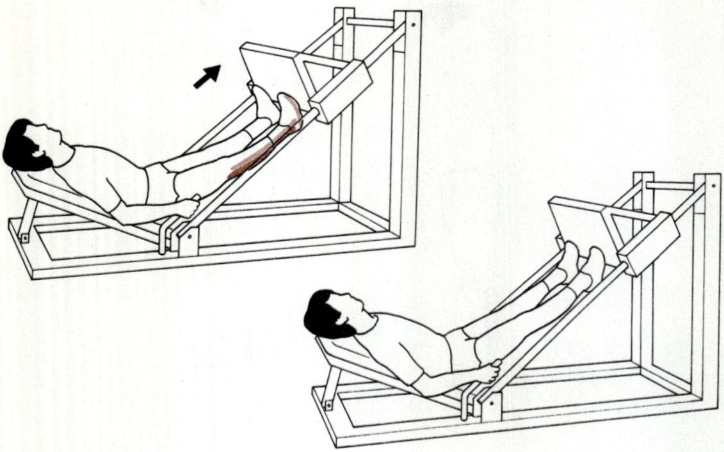

Ausführung

Fußgelenk strecken beidbeinig bei gestrecktem Kniegelenk

Muskeleinsatz

zweiköpfiger Wadenmuskel
Schollenmuskel
Wadenbeinmuskel
Fußmuskulatur

Hinweise

- Diese Trainingsform ist die intensivste isolierte Fußstreckerübung, da kein Ausweichen möglich ist.
- Die lokale Ermüdung tritt wegen der erhöhten Lage der Beine früher ein als im Stand (Blutfluß).
- Die Übung kann auch einbeinig ausgeführt werden.

Belastung	Wiederholungszahl 1–5	6–15	16–25
100%			
75%			
50%			
25%			

Kraftart	Bew. Geschwind.	Trainingsmittel
Maximalkraft IK	explosiv	eig. Körpergew.
Maximalkraft MQ	schnell	Hanteln, Med.ball
Schnellkraft	zügig	Maschine
Kraftausdauer	langsam	Partner
		Gummizug

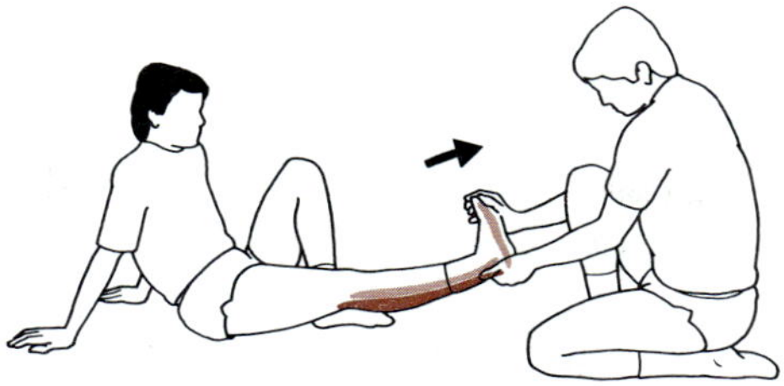

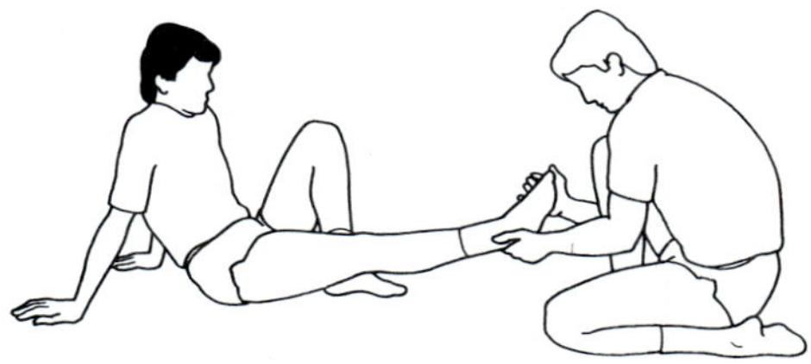

Ausführung

Fußgelenk strecken gegen den Druck des Partners am Fußballen und Zug an der Ferse

Muskeleinsatz

zweiköpfiger Wadenmuskel
Schollenmuskel
Wadenbeinmuskel
Fußmuskulatur

Hinweise

- Der Partner hat die Möglichkeit, die Bewegung und den Muskeleinsatz zu steuern.
- Die anspruchsvolle Partnerarbeit erlaubt keine schnelle Bewegungsausführung.
- Die Muskulatur kann über den ganzen Bewegungsumfang optimal belastet werden.

	Wiederholungszahl		
	1–5	6–15	16–25
Belastung 100%			
75%			
50%			
25%			

Kraftart	Bew. Geschwind.	Trainingsmittel
Maximalkraft IK	explosiv	eig. Körpergew.
Maximalkraft MQ	schnell	Hanteln, Med.ball
		Maschine
Schnellkraft	zügig	Partner
Kraftausdauer	langsam	Gummizug

Fußstrecken gegen Gummizug

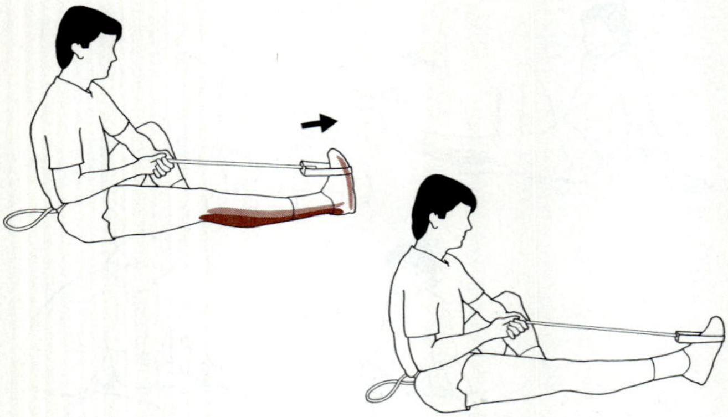

Ausführung

Fußgelenk strecken gegen den Widerstand des Gummizugs am Fußballen

Muskeleinsatz

zweiköpfiger Wadenmuskel
Schollenmuskel
Wadenbeinmuskel
Fußmuskulatur

Hinweise

- Die Wadenmuskulatur kann isoliert trainiert werden, da durch die Sitzstellung das Kniegelenk gut stabilisiert ist.
- Der Gummizug muß am Fußballen gut fixiert sein, evtl. durch einmaliges Umwickeln.
- Da der Widerstand relativ gering ist, eignet sich diese Übung nur für das Kraftausdauertraining.

	Wiederholungszahl		
	1–5	6–15	16–25
Belastung 100%			
75%			
50%			
25%			

Kraftart	Bew. Geschwind.	Trainingsmittel
Maximalkraft IK	explosiv	eig. Körpergew.
Maximalkraft MQ	schnell	Hanteln, Med.ball
		Maschine
Schnellkraft	zügig	Partner
Kraftausdauer	langsam	Gummizug

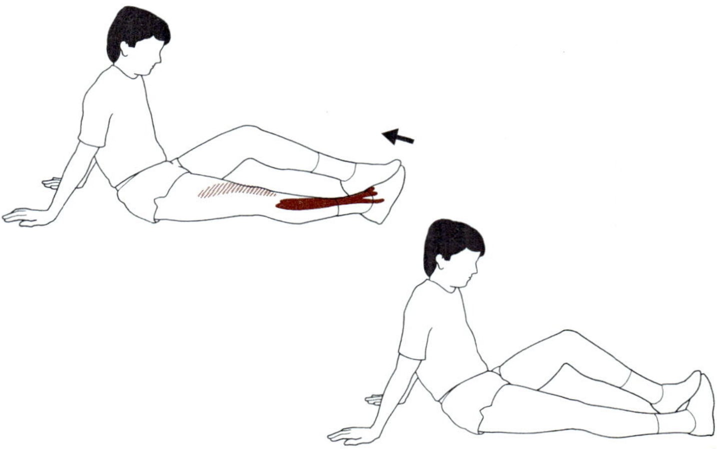

Ausführung

Fußaußenkante heben gegen den Widerstand des anderen Beines

Muskeleinsatz

Wadenbeinmuskel
langer Zehenstrecker
vorderer Schienbeinmuskel
innerer Schenkelmuskel

Hinweise

- Diese Übung ist wichtig für Sportler mit Fußgelenkproblemen (Außenbänder).
- Der Muskeleinsatz kann je nach Ort des Widerstandes verändert werden.
- Ein gut trainierter Wadenbeinmuskel hilft mit, das Fußgelenk zu stabilisieren.

Belastung	Wiederholungszahl 1–5	6–15	16–25
100%			
75%			
50%			
25%			

Kraftart	Bew. Geschwind.	Trainingsmittel
Maximalkraft IK	explosiv	eig. Körpergew.
Maximalkraft MQ	schnell	Hanteln, Med.ball
		Maschine
Schnellkraft	zügig	Partner
Kraftausdauer	langsam	Gummizug

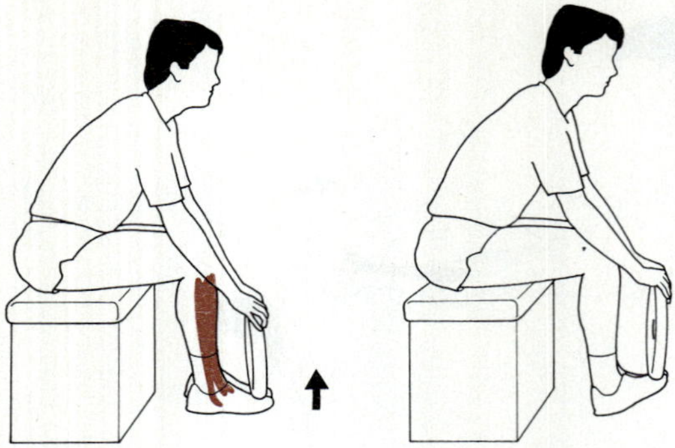

Ausführung

Vorfuß heben gegen den Widerstand einer Hantelscheibe

Muskeleinsatz

Wadenbeinmuskel
langer Zehenstrecker
vorderer Schienbeinmuskel

Hinweise

- Die Belastung kann zusätzlich durch Armdruck vergrößert werden.
- Der Bewegungsumfang kann durch Vergrößerung des Kniewinkels und Erhöhung der Ferse erweitert werden.
- Diese Übung ist geeignet zur Stabilisierung der Fußgelenke.
- Vorsicht vor Überbelastungen (Muskelverkrampfungen, Entzündungen).

	Wiederholungszahl		
	1–5	6–15	16–25
Belastung 100%			
75%			
50%			
25%			

Kraftart	Bew. Geschwind.	Trainingsmittel
Maximalkraft IK	explosiv	eig. Körpergew.
Maximalkraft MQ	schnell	Hanteln, Med.ball
		Maschine
Schnellkraft	zügig	Partner
Kraftausdauer	langsam	Gummizug

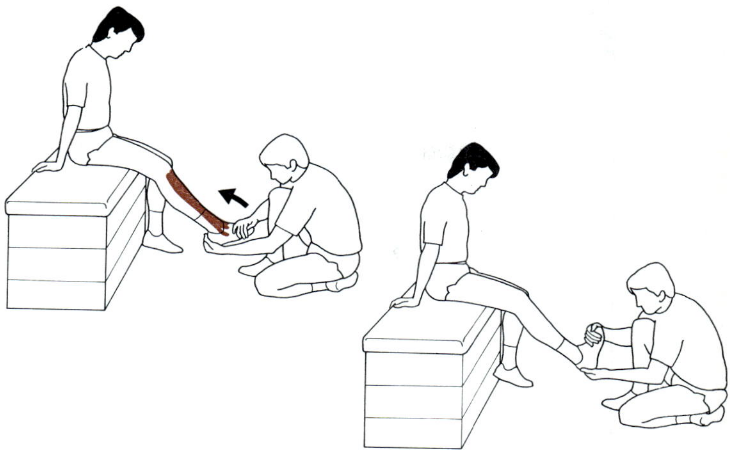

Ausführung

Vorfuß heben gegen den Widerstand des Partners

Muskeleinsatz

Wadenbeinmuskel
langer Zehenstrecker
vorderer Schienbeinmuskel

Hinweise

- Der Partner unterstützt und fixiert die Ferse.
- Der Muskeleinsatz kann je nach Ort des Widerstandes verändert werden.
- Diese Übung ist wichtig für Sportler mit Fußgelenkproblemen (Außenbänder).

Belastung	Wiederholungszahl 1–5	6–15	16–25
100%			
75%			
50%			
25%			

Kraftart	Bew. Geschwind.	Trainingsmittel
Maximalkraft IK	explosiv	eig. Körpergew.
Maximalkraft MQ	schnell	Hanteln, Med.ball
		Maschine
Schnellkraft	zügig	Partner
Kraftausdauer	langsam	Gummizug

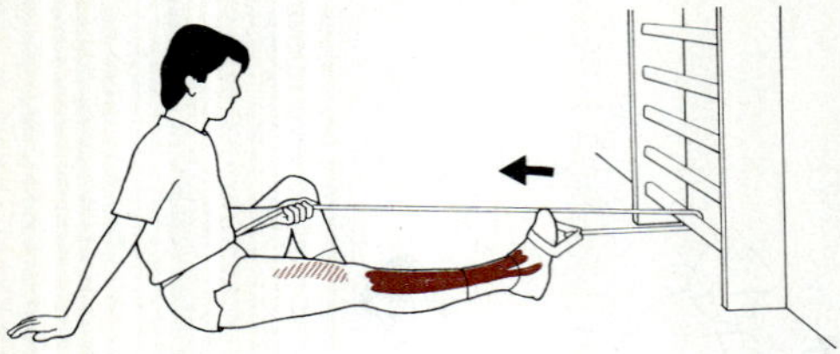

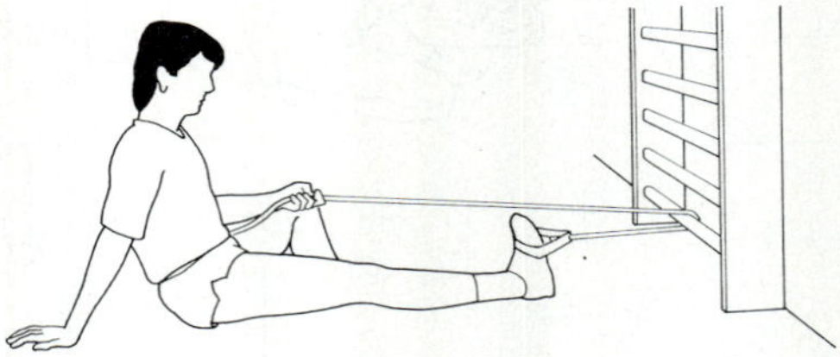

Ausführung

Fußgelenk beugen gegen den Widerstand des Gummizugs

Muskeleinsatz

Wadenbeinmuskel
langer Zehenstrecker
vorderer Schienbeinmuskel
innerer Schenkelmuskel

Hinweise

- Der Widerstand kann sehr gut dosiert werden.
- Die Muskulatur kann über den ganzen Bewegungsumfang trainiert werden.
- Bei gleichzeitigem Heben der Fußaußenkante wird der Wadenbeinmuskel stärker beansprucht.

Belastung	Wiederholungszahl 1–5	6–15	16–25
100%			
75%			
50%			
25%			

Kraftart	Bew. Geschwind.	Trainingsmittel
Maximalkraft IK	explosiv	eig. Körpergew.
Maximalkraft MQ	schnell	Hanteln, Med.ball
Schnellkraft	zügig	Maschine
Kraftausdauer	langsam	Partner
		Gummizug

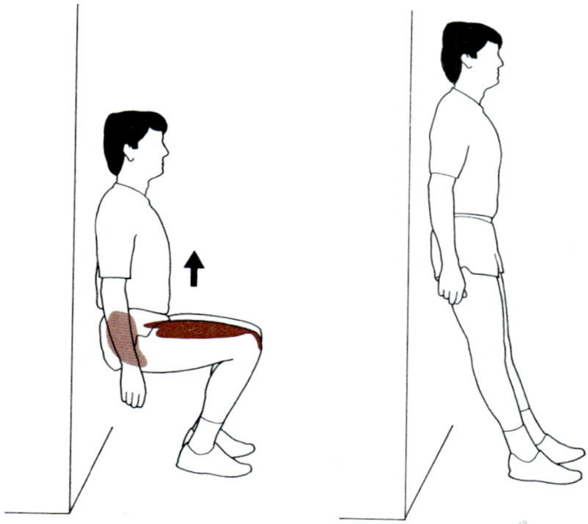

Ausführung

Kniebeugen und -strecken mit Rücken an glatter Wand

Muskeleinsatz

gerader Oberschenkelmuskel
innerer, mittlerer, äußerer Schenkelmuskel
großer Gesäßmuskel

Hinweise

- Isolierte Übung für die Kniestreckmuskulatur.
- Der Reibungswiderstand von Wand und Kleidern beeinflußt die Belastung.
- Die Muskelbelastung ist in den tiefen Kniewinkelstellungen am größten.

Belastung	Wiederholungszahl 1–5	6–15	16–25
100%			
75%			
50%			
25%			

Kraftart	Bew. Geschwind.	Trainingsmittel
Maximalkraft IK	explosiv	eig. Körpergew.
Maximalkraft MQ	schnell	Hanteln, Med.ball
Schnellkraft	zügig	Maschine
Kraftausdauer	langsam	Partner
		Gummizug

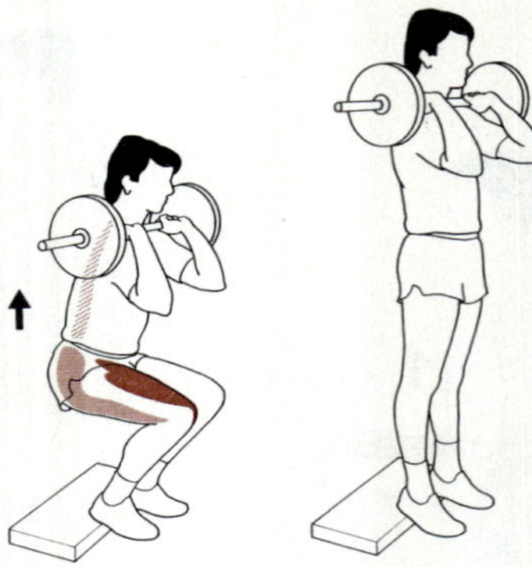

Ausführung

Tiefe Kniebeugen mit Hantel vor der Brust

Muskeleinsatz

gerader Oberschenkelmuskel
innerer, mittlerer, äußerer Schenkelmuskel
Sitzbein-Unterschenkel-Muskeln
großer Gesäßmuskel
Rückenstrecker

Hinweise

- Durch die aufrechte Oberkörperhaltung wird die vordere Oberschenkelmuskulatur extrem belastet.
- Diese Übung ist wegen des schwierigen Haltens der Hantel nur für Fortgeschrittene geeignet.
- Die Ferse kann bei eingeschränkter Beweglichkeit des Fußgelenkes erhöht werden.
- Die Sitzbein-Unterschenkel-Muskeln werden in der Funktion als Hüftstrecker eingesetzt.

Belastung	Wiederholungszahl 1–5	6–15	16–25
100%			
75%			
50%			
25%			

Kraftart	Bew. Geschwind.	Trainingsmittel
Maximalkraft IK	explosiv	eig. Körpergew.
Maximalkraft MQ	schnell	Hanteln, Med.ball
Schnellkraft	zügig	Maschine
Kraftausdauer	langsam	Partner
		Gummizug

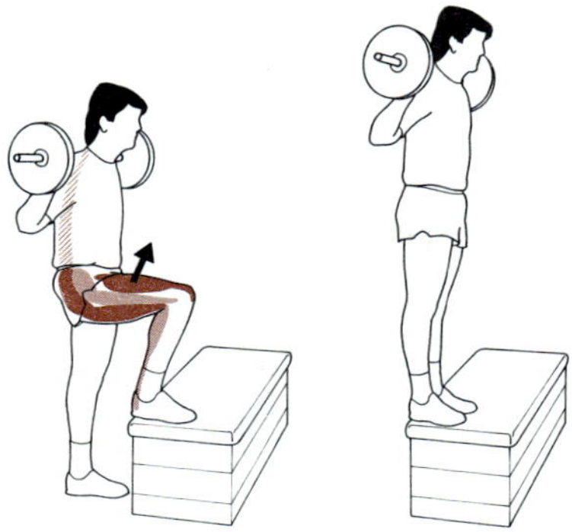

Ausführung

Banksteigen mit Hantel auf den Schultern

Muskeleinsatz

gerader Oberschenkelmuskel
innerer, mittlerer, äußerer Schenkelmuskel
Sitzbein-Unterschenkel-Muskeln
großer Gesäßmuskel
Rückenstrecker
zweiköpfiger Wadenmuskel
Schollenmuskel
Schenkelanzieher
Schenkelbindenspanner

Hinweise

- Sinnvolle Übung für Sportler, die einbeinig abspringen müssen.
- Die Übung stellt hohe Ansprüche an die Gleichgewichtsfähigkeit und ist mit hohen Belastungen nur für Fortgeschrittene geeignet.
- Die Sitzbein-Unterschenkel-Muskeln werden in der Funktion als Hüftstrecker eingesetzt.

Belastung	Wiederholungszahl 1–5	6–15	16–25
100%			
75%			
50%			
25%			

Kraftart	Bew. Geschwind.	Trainingsmittel
Maximalkraft IK	explosiv	eig. Körpergew.
Maximalkraft MQ	schnell	Hanteln, Med.ball
Schnellkraft	zügig	Maschine
		Partner
Kraftausdauer	langsam	Gummizug

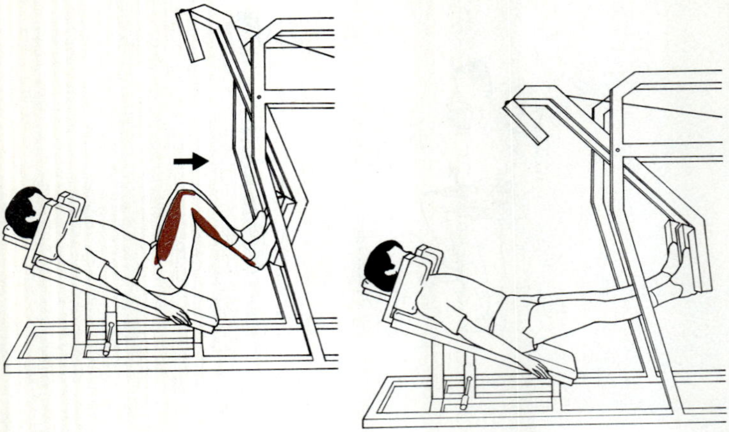

Ausführung

Beine beugen und strecken

Muskeleinsatz

gerader Oberschenkelmuskel
innerer, mittlerer, äußerer Schenkelmuskel
zweiköpfiger Wadenmuskel
Schollenmuskel

Hinweise

- Gute Trainingsübung für Sportler mit Rückenproblemen.
- Die Kniestreckmuskulatur wird nur in den tiefen Kniewinkelstellungen stark belastet.
- Der Drehpunkt im Hüftgelenk soll auf der Ebene der Führungsschiene liegen.

Belastung	Wiederholungszahl 1–5	6–15	16–25
100%			
75%			
50%			
25%			

Kraftart	Bew. Geschwind.	Trainingsmittel
Maximalkraft IK	explosiv	eig. Körpergew.
Maximalkraft MQ	schnell	Hanteln, Med.ball
Schnellkraft	zügig	Maschine
		Partner
Kraftausdauer	langsam	Gummizug

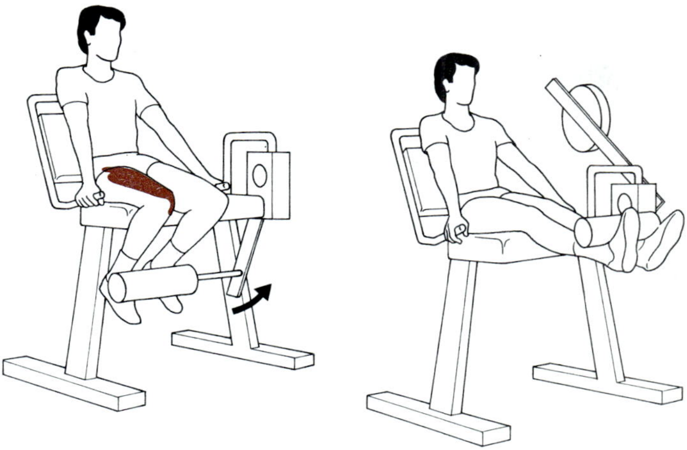

Ausführung

Kniegelenk strecken im Sitzen

Muskeleinsatz

gerader Oberschenkelmuskel
innerer, mittlerer, äußerer Schenkelmuskel

Hinweise

- Isolierte Übung für die Kniestreckmuskulatur.
- Die Übung ist wirkungsvoller, wenn sie nicht bis zum Bewegungsanschlag ausgeführt wird.
- Bei den meisten Geräten wird die höchste Belastung in der gestreckten Kniestellung erreicht.

Belastung	Wiederholungszahl 1–5	6–15	16–25
100%			
75%			
50%			
25%			

Kraftart	Bew. Geschwind.	Trainingsmittel
Maximalkraft IK	explosiv	eig. Körpergew.
Maximalkraft MQ	schnell	Hanteln, Med.ball Maschine
Schnellkraft	zügig	Partner
Kraftausdauer	langsam	Gummizug

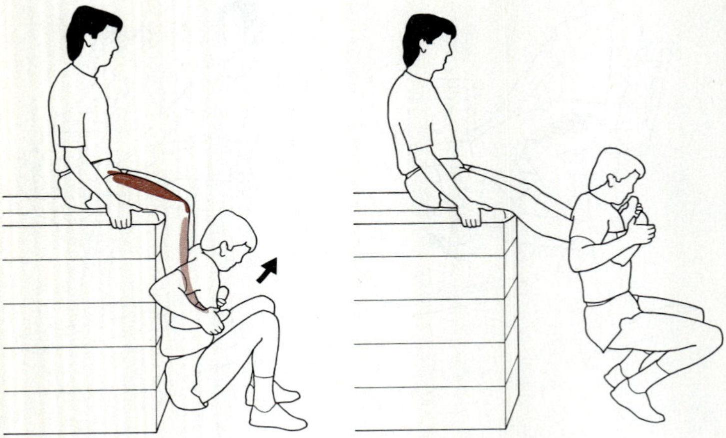

Ausführung

Knie strecken aus Sitzstellung

Muskeleinsatz

gerader Oberschenkelmuskel
innerer, mittlerer, äußerer Schenkelmuskel
vorderer Schienbeinmuskel

Hinweise

- Isolierte Übung für die Kniestreckmuskulatur.
- Der Partner hat die Möglichkeit, durch Veränderung der Körperhaltung die Belastung dem Kraftniveau des Sportlers anzupassen.
- Die vordere Oberschenkelmuskulatur wird bei gestreckter Kniestellung am meisten beansprucht.

	Wiederholungszahl		
Belastung	1–5	6–15	16–25
100%			
75%			
50%			
25%			

Kraftart	Bew. Geschwind.	Trainingsmittel
Maximalkraft IK	explosiv	eig. Körpergew.
		Hanteln, Med.ball
Maximalkraft MQ	schnell	Maschine
Schnellkraft	zügig	Partner
Kraftausdauer	langsam	Gummizug

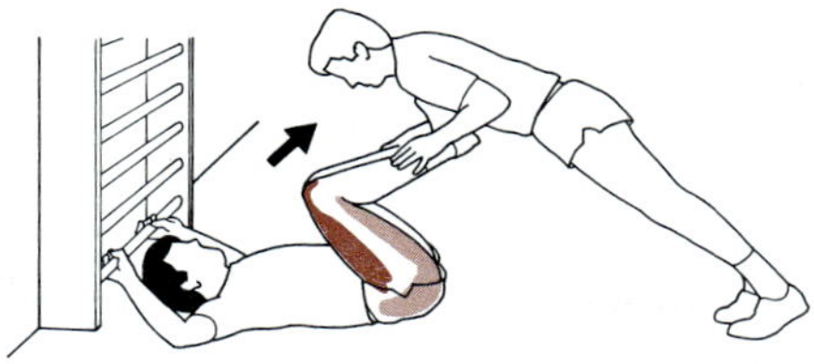

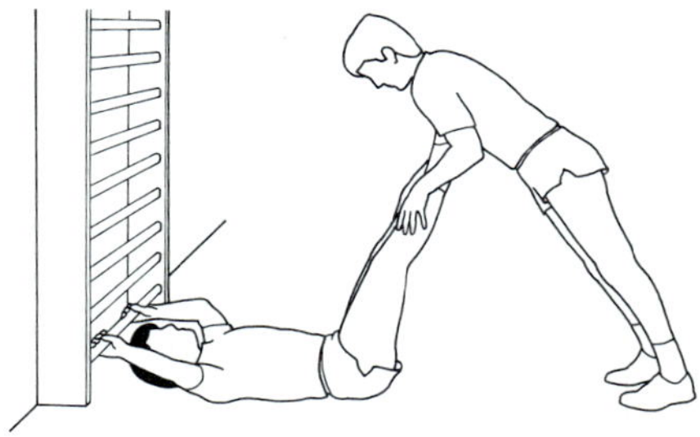

Ausführung

Beine beugen und strecken

Muskeleinsatz

gerader Oberschenkelmuskel
innerer, mittlerer, äußerer Schenkelmuskel
Sitzbein-Unterschenkel-Muskeln
großer Gesäßmuskel

Hinweise

- Die Muskulatur wird vor allem in den tiefen Kniewinkelstellungen stark belastet.
- Attraktive Übung für jugendliche Sportler.
- Die Sitzbein-Unterschenkel-Muskeln werden in der Funktion als Hüftstrecker eingesetzt.

Belastung	Wiederholungszahl 1–5	6–15	16–25
100% – 75%			
75% – 50%			
50% – 25%			

Kraftart	Bew. Geschwind.	Trainingsmittel
Maximalkraft IK	explosiv	eig. Körpergew.
Maximalkraft MQ	schnell	Hanteln, Med.ball
		Maschine
Schnellkraft	zügig	Partner
Kraftausdauer	langsam	Gummizug

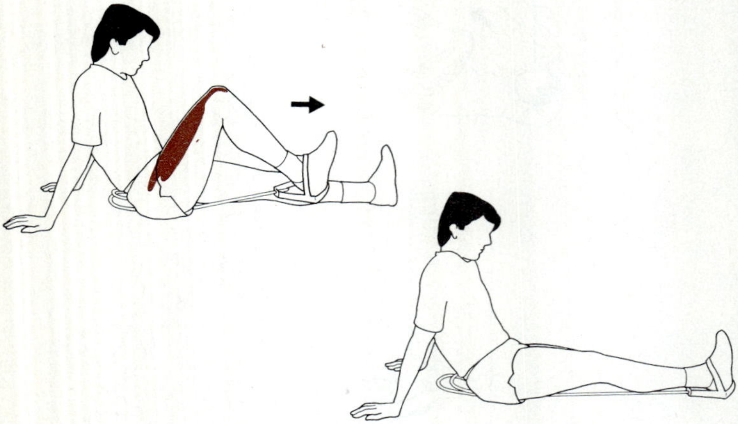

Ausführung

Bein strecken einbeinig im Langsitz

Muskeleinsatz

gerader Oberschenkelmuskel
innerer, mittlerer, äußerer Schenkelmuskel

Hinweise

- Da die Muskelbelastung eher gering ist, eignet sich die Übung speziell für das Kraftausdauertraining.
- Beim Halten des Gummizuges mit den Armen wird auch die Hüftstreckmuskulatur gekräftigt.
- Die Übung kann auch in Rückenlage ausgeführt werden.

Belastung	Wiederholungszahl 1–5	6–15	16–25
100%			
75%			
50%			
25%			

Kraftart	Bew. Geschwind.	Trainingsmittel
Maximalkraft IK	explosiv	eig. Körpergew.
Maximalkraft MQ	schnell	Hanteln, Med.ball
Schnellkraft	zügig	Maschine
		Partner
Kraftausdauer	langsam	Gummizug

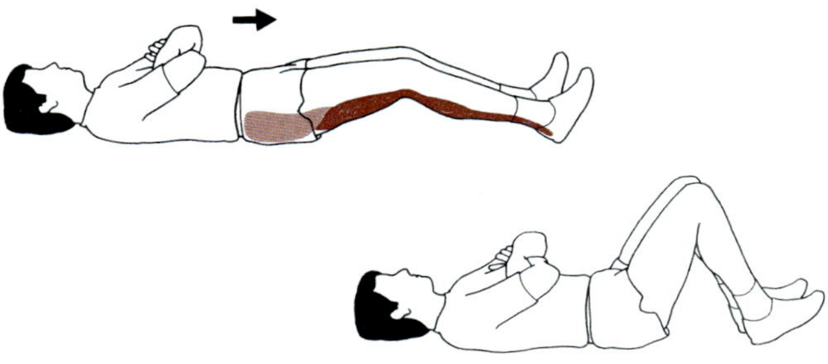

Ausführung

Oberkörper auf glatter Unterlage gegen die Fersen ziehen

Muskeleinsatz

Sitzbein-Unterschenkel-Muskeln
zweiköpfiger Wadenmuskel
großer Gesäßmuskel

Hinweise

- Der Reibungswiderstand von Boden und Bekleidung beeinflußt die Belastung.
- Die Übung kann auch mit fixierten Füßen (Sprossenwand, Partner) durchgeführt werden.
- Der Hüft-Lenden-Muskel bleibt bei dieser Übung inaktiv.

Belastung	Wiederholungszahl 1–5	6–15	16–25
100%			
75%			
50%			
25%			

Kraftart	Bew. Geschwind.	Trainingsmittel
Maximalkraft IK	explosiv	eig. Körpergew.
Maximalkraft MQ	schnell	Hanteln, Med.ball
Schnellkraft	zügig	Maschine
		Partner
Kraftausdauer	langsam	Gummizug

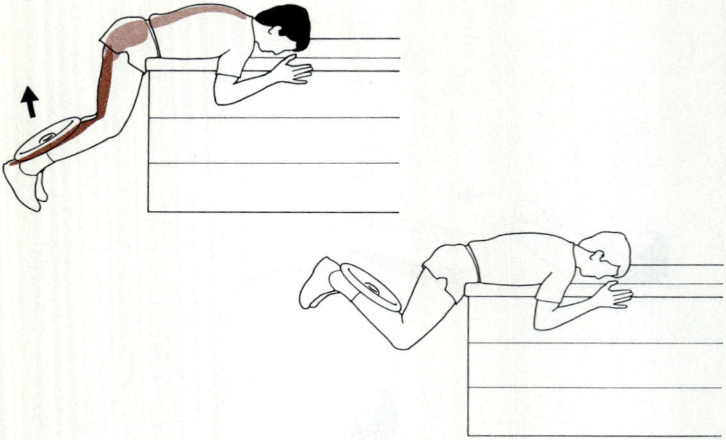

Ausführung

Kniegelenk beugen in Bauchlage auf Kasten

Muskeleinsatz

Sitzbein-Unterschenkel-Muskeln
zweiköpfiger Wadenmuskel
großer Gesäßmuskel
Rückenstrecker

Hinweise

- Die Oberschenkel sollen den Kasten nicht berühren (Einsatz des Gesäßmuskels). Dadurch bleibt der Hüft-Lenden-Muskel inaktiv.
- Die Sitzbein-Unterschenkel-Muskeln werden in der Funktion als Kniebeuger eingesetzt.
- Der Bewegungsumfang kann nicht voll ausgenützt werden.

	Wiederholungszahl		
Belastung	1–5	6–15	16–25
100% – 75%			
75% – 50%			
50% – 25%			

Kraftart	Bew. Geschwind.	Trainingsmittel
Maximalkraft IK	explosiv	eig. Körpergew.
Maximalkraft MQ	schnell	Hanteln, Med.ball
Schnellkraft	zügig	Maschine
Kraftausdauer	langsam	Partner
		Gummizug

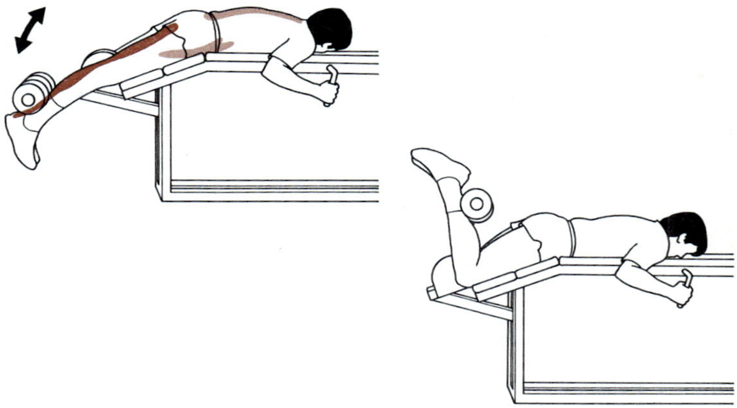

Ausführung

Kniegelenk beugen in Bauchlage

Muskeleinsatz

Sitzbein-Unterschenkel-Muskeln
zweiköpfiger Wadenmuskel
Hüft-Lenden-Muskel
Rückenstrecker

Hinweise

- Teilweise unerwünschte Aktivität der Hüft-Lenden- und der Rükkenmuskulatur (Gesäß wird gehoben). Diese Bewegung kann durch den Einsatz der Gesäßmuskulatur verhindert werden.
- Die Übung ist nicht geeignet für Sportler mit Hohlkreuzstellung.
- Die zweigelenkige Sitzbein-Unterschenkel-Muskulatur soll auch in der Funktion als Hüftstrecker trainiert werden.

	Wiederholungszahl		
	1–5	6–15	16–25
Belastung 100%			
75%			
50%			
25%			

Kraftart	Bew. Geschwind.	Trainingsmittel
Maximalkraft IK	explosiv	eig. Körpergew.
Maximalkraft MQ	schnell	Hanteln, Med.ball
Schnellkraft	zügig	Maschine
Kraftausdauer	langsam	Partner
		Gummizug

Ausführung

Kniegelenk beugen einbeinig in Bauchlage auf Kasten

Muskeleinsatz

Sitzbein-Unterschenkel-Muskeln
zweiköpfiger Wadenmuskel
großer Gesäßmuskel
Rückenstrecker

Hinweise

- Durch eine aktive Hüftstreckung (Gesäßmuskulatur) bleibt der Hüft-Lenden-Muskel inaktiv. In der gestreckten Hüftstellung genügt ein relativ geringer Partnerwiderstand (ungünstige Hebelverhältnisse).
- Die Sitzbein-Unterschenkel-Muskeln werden sowohl in der Funktion als Kniebeuger wie auch als Hüftstrecker trainiert.
- Es soll der ganze Bewegungsumfang ausgenützt werden.

Belastung	Wiederholungszahl 1–5	6–15	16–25
100%			
75%			
50%			
25%			

Kraftart	Bew. Geschwind.	Trainingsmittel
Maximalkraft IK	explosiv	eig. Körpergew.
Maximalkraft MQ	schnell	Hanteln, Med.ball
Schnellkraft	zügig	Maschine
Kraftausdauer	langsam	Partner
		Gummizug

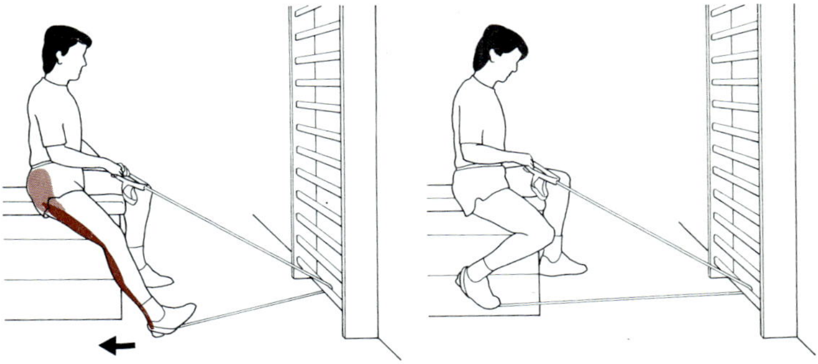

Ausführung

Kniegelenk beugen im Sitzen

Muskeleinsatz

Sitzbein-Unterschenkel-Muskeln
zweiköpfiger Wadenmuskel
großer Gesäßmuskel

Hinweise

- Isolierte Kräftigungsübung für die Kniebeuger.
- Der ganze Bewegungsumfang kann ausgenützt werden.
- Der Widerstand soll über den ganzen Bewegungsumfang der jeweiligen Muskelkraft angepaßt werden.

	Wiederholungszahl		
	1–5	6–15	16–25
Belastung 100%			
75%			
50%			
25%			

Kraftart	Bew. Geschwind.	Trainingsmittel
Maximalkraft IK	explosiv	eig. Körpergew.
Maximalkraft MQ	schnell	Hanteln, Med.ball
Schnellkraft	zügig	Maschine Partner
Kraftausdauer	langsam	Gummizug

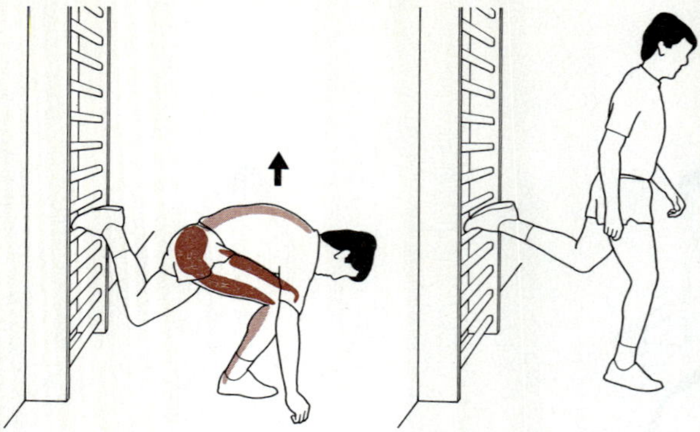

Ausführung

Einbeinig Knie und Hüfte strecken mit Boden berühren

Muskeleinsatz

großer Gesäßmuskel
Sitzbein-Unterschenkel-Muskeln
gerader Oberschenkelmuskel
innerer, mittlerer, äußerer Schenkelmuskel
zweiköpfiger Wadenmuskel
Schollenmuskel
Rückenstrecker

Hinweise

- Extreme Gesäßmuskelübung (großer Bewegungsumfang, schnelle Ausführung).
- Die Übung kann auch mit Abspringen ausgeführt werden.
- Das Abstützen des hinteren Beines kann von einem Partner übernommen werden.
- Bei tiefem Kniebeugen wird die Kniestreckmuskulatur zusätzlich stark belastet.

Belastung	Wiederholungszahl 1–5	6–15	16–25
100%			
75%			
50%			
25%			

Kraftart	Bew. Geschwind.	Trainingsmittel
Maximalkraft IK	explosiv	eig. Körpergew.
Maximalkraft MQ	schnell	Hanteln, Med.ball
Schnellkraft	zügig	Maschine
Kraftausdauer	langsam	Partner
		Gummizug

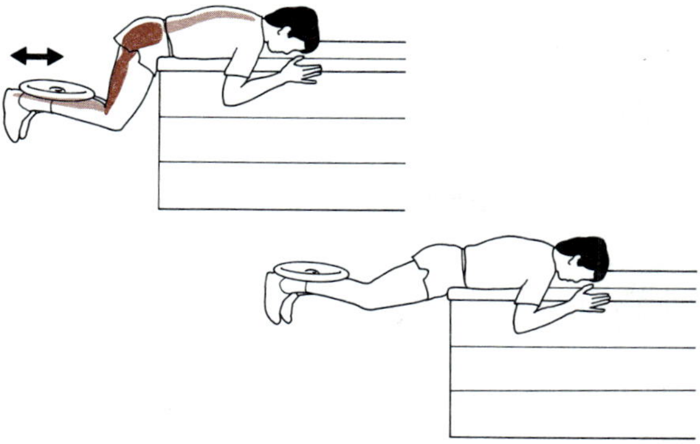

Ausführung

Beine nach hinten strecken in Bauchlage auf Kasten

Muskeleinsatz

großer Gesäßmuskel
Sitzbein-Unterschenkel-Muskeln
zweiköpfiger Wadenmuskel
Rückenstrecker

Hinweise

- Die Sitzbein-Unterschenkel-Muskeln werden vor allem in der Funktion als Hüftstrecker, aber auch als Kniebeuger trainiert.
- Die Übung soll wegen des schwierigen Haltens der Hantelscheibe eher langsam ausgeführt werden.
- Die Beine sollen nicht über Kastenhöhe gehoben werden (keine Hohlkreuzstellung).

Belastung	Wiederholungszahl 1–5	6–15	16–25
100%			
75%			
50%			
25%			

Kraftart	Bew. Geschwind.	Trainingsmittel
Maximalkraft IK	explosiv	eig. Körpergew.
Maximalkraft MQ	schnell	Hanteln, Med.ball
		Maschine
Schnellkraft	zügig	Partner
Kraftausdauer	langsam	Gummizug

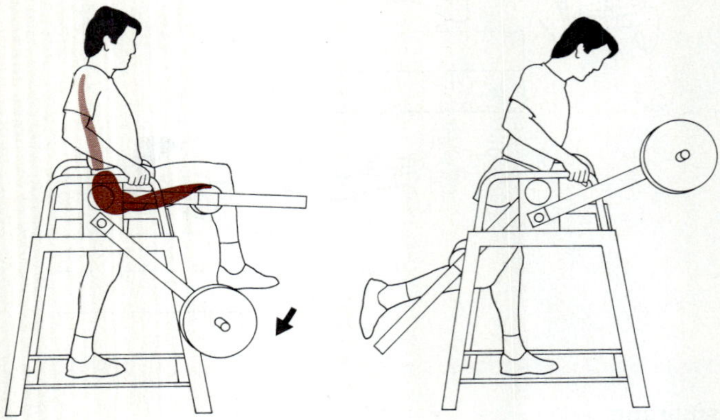

Ausführung

Aus Einbeinstand Hüftgelenk strecken

Muskeleinsatz

großer Gesäßmuskel
Sitzbein-Unterschenkel-Muskeln
Rückenstrecker

Hinweise

- Bei Widerstand am Oberschenkel werden die Sitzbein-Unterschenkel-Muskeln in der Funktion als Hüftstrecker trainiert. Wird der Widerstand am Unterschenkel geleistet, werden sie zusammen mit dem zweiköpfigen Wadenmuskel auch als Kniestabilisatoren aktiviert.
- Gleichzeitig werden auf der Standbeinseite die Antagonisten (Hüftbeuger) trainiert.
- Die Übung soll mit möglichst großem Bewegungsumfang ausgeführt werden.

	Wiederholungszahl		
	1–5	6–15	16–25
Belastung 100%			
75%			
50%			
25%			

Kraftart	Bew. Geschwind.	Trainingsmittel
Maximalkraft IK	explosiv	eig. Körpergew.
Maximalkraft MQ	schnell	Hanteln, Med.ball
Schnellkraft	zügig	Maschine
Kraftausdauer	langsam	Partner
		Gummizug

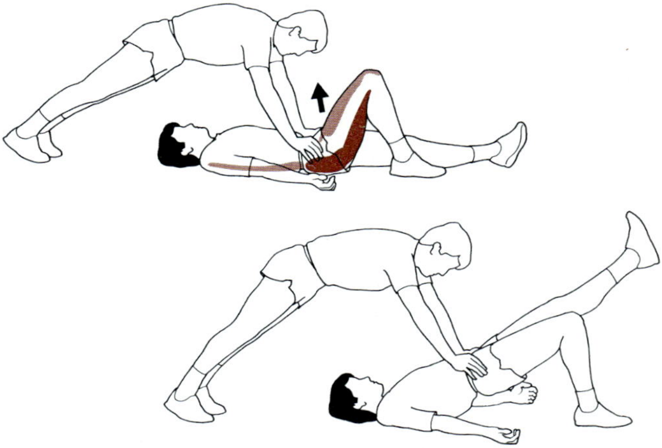

Ausführung

Aus Rückenlage einbeinig Hüfte hochdrücken

Muskeleinsatz

großer Gesäßmuskel
Sitzbein-Unterschenkel-Muskeln
Rückenstrecker
gerader Oberschenkelmuskel
innerer, mittlerer, äußerer Schenkelmuskel

Hinweise

- Ungeübte können die Übung auch beidbeinig ausführen.
- Die Hüftstrecker werden vor allem in den hohen Hüftwinkelstellungen trainiert (geringer Bewegungsumfang).
- Der Partner kann durch Variieren seiner Körperhaltung den am Becken geleisteten Widerstand verändern.

Belastung	Wiederholungszahl 1–5	6–15	16–25
100%			
75%			
50%			
25%			

Kraftart	Bew. Geschwind.	Trainingsmittel
Maximalkraft IK	explosiv	eig. Körpergew.
Maximalkraft MQ	schnell	Hanteln, Med.ball Maschine
Schnellkraft	zügig	Partner
Kraftausdauer	langsam	Gummizug

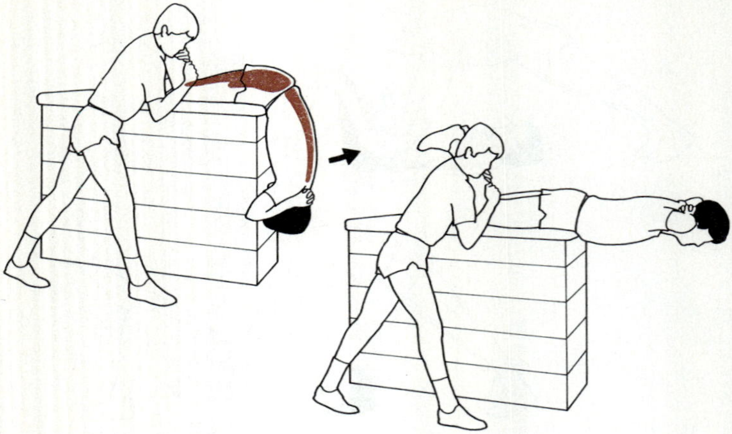

Ausführung

Oberkörper heben in Bauchlage auf Kasten

Muskeleinsatz

großer Gesäßmuskel
Sitzbein-Unterschenkel-Muskeln
Rückenstrecker

Hinweise

- Die Übung kann je nach Niveau des Sportlers unterschiedlich ausgeführt werden: einbeinig/beidbeinig, Knie gestreckt/gebeugt, ohne/mit Zusatzgewicht.
- Der Einsatz der Gesäßmuskulatur kann durch schnelleres Aufrichten und durch Belastungserhöhung gesteigert werden.
- Der Rückenstrecker im Lendenwirbelbereich soll nicht extrem trainiert werden (runder Rücken, nicht über Kastenhöhe).

	Wiederholungszahl		
Belastung	1–5	6–15	16–25
100%			
75%			
50%			
25%			

Kraftart	Bew. Geschwind.	Trainingsmittel
Maximalkraft IK	explosiv	eig. Körpergew.
Maximalkraft MQ	schnell	Hanteln, Med.ball
Schnellkraft	zügig	Maschine
		Partner
Kraftausdauer	langsam	Gummizug

Ausführung

Bein rückwärts ziehen im Einbeinstand

Muskeleinsatz

großer Gesäßmuskel
Sitzbein-Unterschenkel-Muskeln
Rückenstrecker
zweiköpfiger Wadenmuskel

Hinweise

- Da der Widerstand relativ gering ist, eignet sich die Übung nur für das Kraftausdauertraining.
- Bei Widerstand am Oberschenkel wird die Kniebeugefunktion nicht trainiert.
- Gleichzeitig werden auf der Standbeinseite die Antagonisten (Hüftbeuger) trainiert.

	Wiederholungszahl		
	1–5	6–15	16–25
Belastung 100%			
75%			
50%			
25%			

Kraftart	Bew. Geschwind.	Trainingsmittel
Maximalkraft IK	explosiv	eig. Körpergew.
Maximalkraft MQ	schnell	Hanteln, Med.ball
Schnellkraft	zügig	Maschine
Kraftausdauer	langsam	Partner
		Gummizug

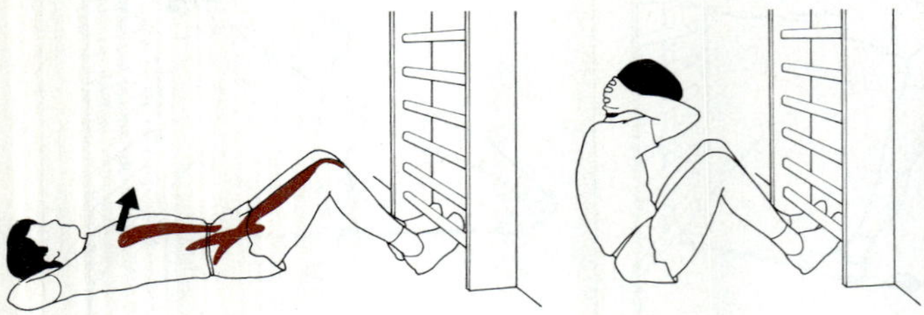

Ausführung

Aufsitzen mit gebeugten Knien und fixierten Füßen

Muskeleinsatz

Hüft-Lenden-Muskel
gerader Bauchmuskel
gerader Oberschenkelmuskel

Hinweise

- Die Muskeln werden je nach Kniewinkelstellung unterschiedlich belastet. Bei gestreckten Beinen wird der Hüft-Lenden-Muskel am meisten trainiert. Bei stark gebeugten Beinen liegt die Trainingswirkung eher auf dem geraden Oberschenkel- und dem geraden Bauchmuskel.
- Sportler mit Hohlkreuzstellung sollten die Übung mit stark gebeugten Beinen oder ohne fixierte Füße ausführen.
- Wird die Übung mit gleichzeitigem Rumpfdrehen ausgeführt, können zusätzlich die schrägen Bauchmuskeln mittrainiert werden.

Belastung	Wiederholungszahl 1–5	6–15	16–25
100%			
75%			
50%			
25%			

Kraftart	Bew. Geschwind.	Trainingsmittel
Maximalkraft IK	explosiv	eig. Körpergew.
Maximalkraft MQ	schnell	Hanteln, Med.ball
Schnellkraft	zügig	Maschine
Kraftausdauer	langsam	Partner
		Gummizug

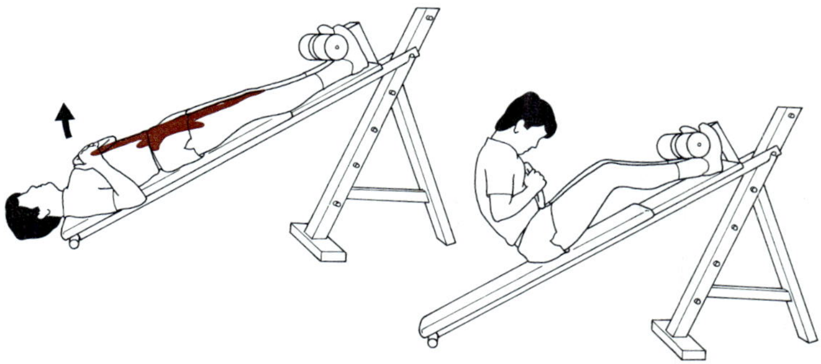

Ausführung

Aufsitzen am Schrägbrett mit gestreckten Beinen

Muskeleinsatz

Hüft-Lenden-Muskel
gerader Bauchmuskel
gerader Oberschenkelmuskel

Hinweise

- Je nach Brettstellung verändert sich die Größe der Belastung und der Bewegungsumfang.
- Sportlern mit verkürzten Hüft-Lenden-Muskeln (Hohlkreuzstellung) ist von dieser Übung abzuraten.
- Es ist vorteilhaft, die Hantelscheibe vor der Brust zu halten, damit zu Beginn der Bewegung eine Hohlkreuzstellung vermieden werden kann.

	Wiederholungszahl		
Belastung	1–5	6–15	16–25
100%			
75%			
50%			
25%			

Kraftart	Bew. Geschwind.	Trainingsmittel
Maximalkraft IK	explosiv	eig. Körpergew.
Maximalkraft MQ	schnell	Hanteln, Med.ball
Schnellkraft	zügig	Maschine
		Partner
Kraftausdauer	langsam	Gummizug

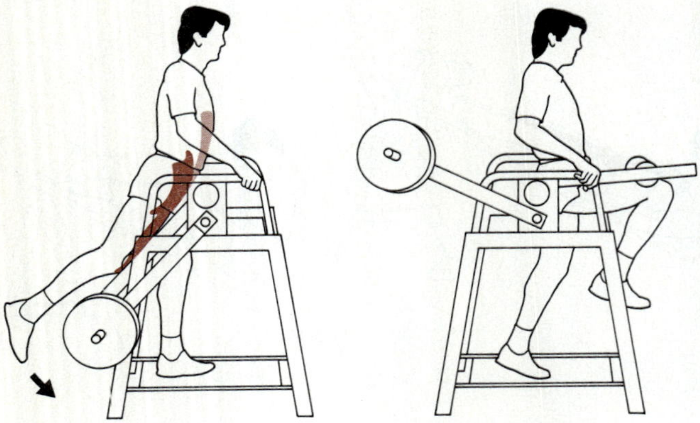

Ausführung

Knie heben im Einbeinstand

Muskeleinsatz

Hüft-Lenden-Muskel

gerader Oberschenkelmuskel

gerader Bauchmuskel

Hinweise

- Diese Trainingsform eignet sich auch für Sportler mit Hohlkreuzstellung.
- Die Übung gehört zum Grundlagentraining aller Läufer.
- Gleichzeitig werden auf der Standbeinseite die Antagonisten (Hüftstrecker) trainiert.

	Wiederholungszahl		
Belastung	1–5	6–15	16–25
100%–75%			
75%–50%			
50%–25%			

Kraftart	Bew. Geschwind.	Trainingsmittel
Maximalkraft IK	explosiv	eig. Körpergew.
Maximalkraft MQ	schnell	Hanteln, Med.ball
Schnellkraft	zügig	Maschine
Kraftausdauer	langsam	Partner
		Gummizug

Ausführung

Hüftgelenk beugen am Kasten mit fixierten Unterschenkeln

Muskeleinsatz

Hüft-Lenden-Muskel
gerader Bauchmuskel
gerader Oberschenkelmuskel

Hinweise

- Sehr anspruchsvolle Übung, bei welcher die Muskulatur praktisch über den ganzen Bewegungsumfang stark belastet wird.
- Wenn der Oberkörper nur bis in die horizontale Lage gesenkt wird, bleibt die Muskulatur während der ganzen Bewegung aktiv.
- Wird die Übung mit gleichzeitigem Rumpfdrehen ausgeführt, können zusätzlich die schrägen Bauchmuskeln mittrainiert werden.

Belastung	Wiederholungszahl		
	1–5	6–15	16–25
100%			
75%			
50%			
25%			

Kraftart	Bew. Geschwind.	Trainingsmittel
Maximalkraft IK	explosiv	eig. Körpergew.
Maximalkraft MQ	schnell	Hanteln, Med.ball
		Maschine
Schnellkraft	zügig	Partner
Kraftausdauer	langsam	Gummizug

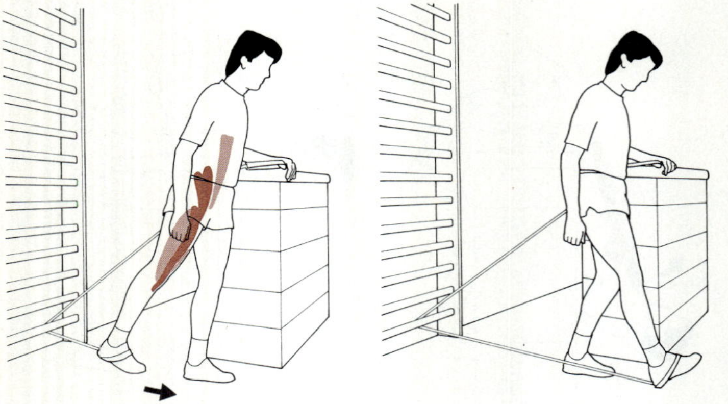

Ausführung

Im Einbeinstand Bein vorwärts führen

Muskeleinsatz

Hüft-Lenden-Muskel
gerader Oberschenkelmuskel
gerader Bauchmuskel
innerer, mittlerer, äußerer Schenkelmuskel

Hinweise

- Da der Widerstand relativ gering ist, eignet sich die Übung nur für das Kraftausdauertraining.
- Gleichzeitig werden auf der Standbeinseite die Antagonisten (Hüftstrecker) trainiert.
- Die Kniestrecker bleiben inaktiv, wenn der Gummizug oberhalb des Kniegelenkes montiert wird.

	Wiederholungszahl		
Belastung	1–5	6–15	16–25
100%			
75%			
50%			
25%			

Kraftart	Bew. Geschwind.	Trainingsmittel
Maximalkraft IK	explosiv	eig. Körpergew.
Maximalkraft MQ	schnell	Hanteln, Med.ball
Schnellkraft	zügig	Maschine
		Partner
Kraftausdauer	langsam	Gummizug

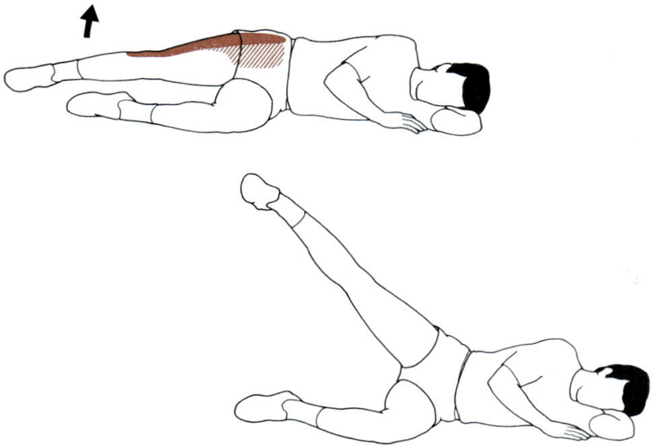

Ausführung

Bein hochheben in Seitenlage

Muskeleinsatz

Schenkelbindenspanner
Gesäßmuskeln

Hinweise

- Da der Widerstand relativ gering ist, eignet sich die Übung nur für das Kraftausdauertraining.
- Die Übung kann durch Gewichtsmanschetten an den Fußgelenken oder durch Partnerwiderstand erschwert werden.
- Die Belastung kann durch eine schnellere Bewegungsausführung ohne Abstellen des Beines erhöht werden.

Belastung	Wiederholungszahl 1–5	6–15	16–25
100%			
75%			
50%			
25%			

Kraftart	Bew. Geschwind.	Trainingsmittel
Maximalkraft IK	explosiv	eig. Körpergew.
Maximalkraft MQ	schnell	Hanteln, Med.ball
Schnellkraft	zügig	Maschine
		Partner
Kraftausdauer	langsam	Gummizug

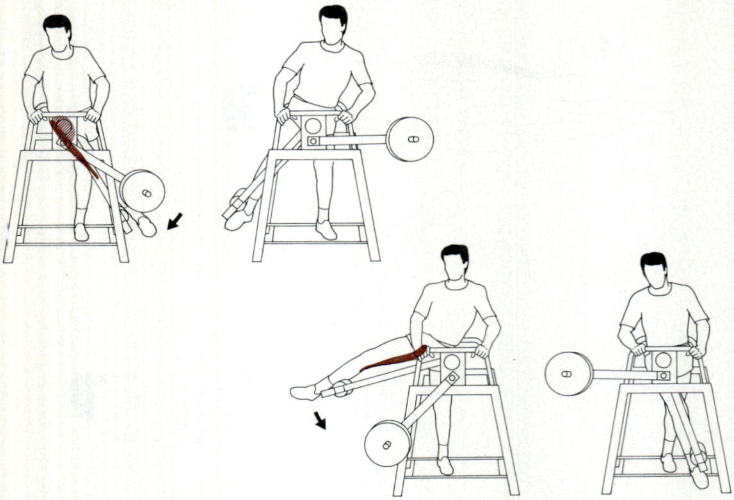

Ausführung

Aus Einbeinstand Bein abspreizen oder schließen

Muskeleinsatz

Schenkelbindenspanner
Gesäßmuskeln
großer, langer Schenkelanzieher
schlanker Muskel
Schambeinmuskel

Hinweise

- Beim Standbein wird die gleiche Muskulatur isometrisch mittrainiert.
- Im gleichen Training sollten sowohl Übungen für das Beinabspreizen wie auch das Beinschließen enthalten sein.
- Diese beiden Trainingsformen helfen mit, Leistenprobleme zu vermeiden.

	Wiederholungszahl		
Belastung	1–5	6–15	16–25
100%–75%			
75%–50%			
50%–25%			

Kraftart	Bew. Geschwind.	Trainingsmittel
Maximalkraft IK	explosiv	eig. Körpergew.
Maximalkraft MQ	schnell	Hanteln, Med.ball
Schnellkraft	zügig	Maschine
		Partner
Kraftausdauer	langsam	Gummizug

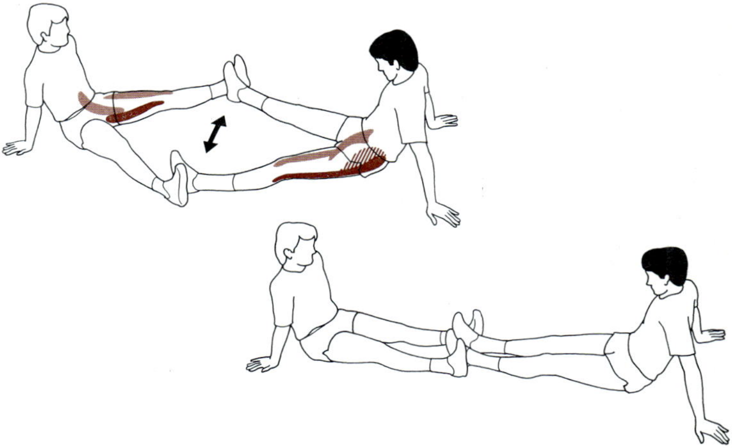

Ausführung

Im Sitz Beine abspreizen
und Beine schließen

Muskeleinsatz

Schenkelbindenspanner
Gesäßmuskel
großer, langer Schenkelanzieher
schlanker Muskel
Schambeinmuskel
Hüft-Lenden-Muskel
gerader Oberschenkelmuskel

Hinweise

- Beide Partner trainieren gleichzeitig antagonistisch.
- Sehr intensive Kraftübung mit relativ geringem Bewegungsumfang (kein Überkreuzen möglich).
- Die Übung soll nicht statisch ausgeführt werden.

Belastung	Wiederholungszahl 1–5	6–15	16–25
100%–75%			
75%–50%			
50%–25%			

Kraftart	Bew. Geschwind.	Trainingsmittel
Maximalkraft IK	explosiv	eig. Körpergew.
Maximalkraft MQ	schnell	Hanteln, Med.ball
Schnellkraft	zügig	Maschine
Kraftausdauer	langsam	Partner
		Gummizug

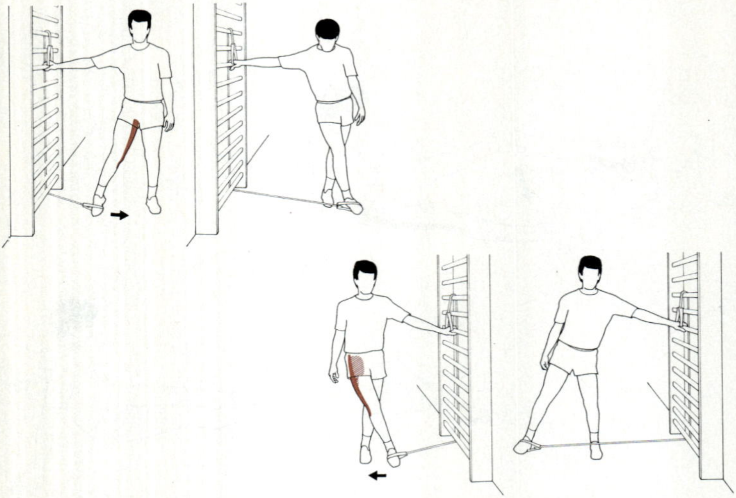

Ausführung

Aus Einbeinstand Bein abspreizen oder schließen

Muskeleinsatz

Schenkelbindenspanner
Gesäßmuskeln
großer, langer Schenkelanzieher
schlanker Muskel
Schambeinmuskel

Hinweise

- Beim Standbein wird die gleiche Muskulatur isometrisch mittrainiert.
- Im gleichen Training sollten sowohl Übungen für das Beinabspreizen wie auch das Beinschließen enthalten sein.
- Eine Steigerung des Muskelquerschnitts ist nur bei stark gespanntem Gummizug möglich.

	Wiederholungszahl		
	1–5	6–15	16–25
Belastung 100%			
75%			
50%			
25%			

Kraftart	Bew. Geschwind.	Trainingsmittel
Maximalkraft IK	explosiv	eig. Körpergew.
Maximalkraft MQ	schnell	Hanteln, Med.ball
Schnellkraft	zügig	Maschine
Kraftausdauer	langsam	Partner
		Gummizug

Ausführung

Aus Knie-Hand-Stand Bein und Gegenarm rückwärts heben

Muskeleinsatz

Rückenstrecker
großer Gesäßmuskel
Kapuzenmuskel
Deltamuskel
Untergrätenmuskel
Sitzbein-Unterschenkel-Muskeln

Hinweise

- Gute Übung für die gesamte hintere Rumpfmuskulatur.
- Die Rumpfstreckung soll nicht bis zur Hohlkreuzstellung führen.
- Die Übung kann durch zusätzlichen Widerstand (Kugelhanteln, Gewichtsmanschetten, Partner) an Armen und Beinen erschwert werden.

Belastung	Wiederholungszahl 1–5	6–15	16–25
100%–75%			
75%–50%			
50%–25%			

Kraftart	Bew. Geschwind.	Trainingsmittel
Maximalkraft IK	explosiv	eig. Körpergew.
Maximalkraft MQ	schnell	Hanteln, Med.ball
		Maschine
Schnellkraft	zügig	Partner
Kraftausdauer	langsam	Gummizug

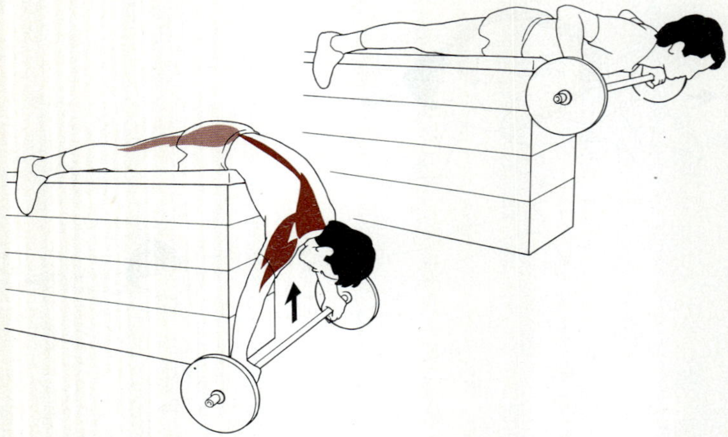

Ausführung

Aus Bauchlage auf Kasten
Arme und Oberkörper heben

Muskeleinsatz

Rückenstrecker
hintere Schultermuskeln
Kapuzenmuskel
großer Gesäßmuskel
Sitzbein-Unterschenkel-Muskeln

Hinweise

- Diese Übung ist nur für fortgeschrittene Sportler geeignet.
- Der Sportler soll bis zum Bauch auf dem Kasten aufliegen.
- Eine Hohlkreuzstellung soll vermieden werden.

	Wiederholungszahl		
Belastung	1–5	6–15	16–25
100%			
75%			
50%			
25%			

Kraftart	Bew. Geschwind.	Trainingsmittel
Maximalkraft IK	explosiv	eig. Körpergew.
Maximalkraft MQ	schnell	Hanteln, Med.ball
Schnellkraft	zügig	Maschine
Kraftausdauer	langsam	Partner
		Gummizug

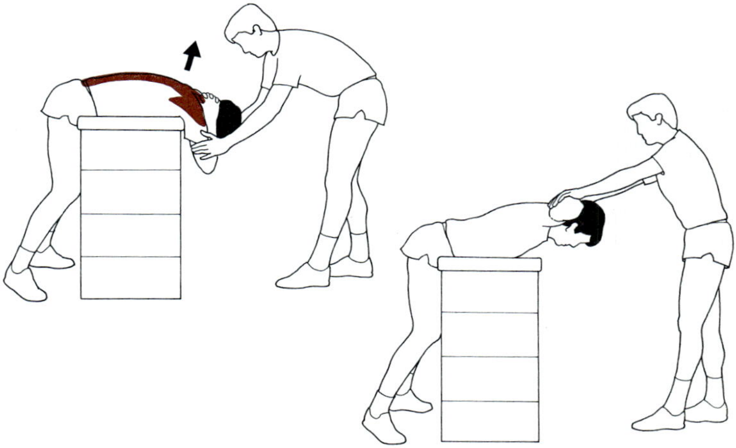

Ausführung

Aus Bauchlage auf Kasten Rücken strecken

Muskeleinsatz

Rückenstrecker
Kapuzenmuskel
Untergrätenmuskel
Deltamuskel

Hinweise

- Der Bewegungsumfang ist gering.
- Diese Übung ist wichtig bei muskulärem Ungleichgewicht im Brustwirbelsäulenbereich (Rundrücken).
- Eine übermäßige Hohlkreuzstellung ist zu vermeiden.

Belastung	Wiederholungszahl 1–5	6–15	16–25
100%			
75%			
50%			
25%			

Kraftart	Bew. Geschwind.	Trainingsmittel
Maximalkraft IK	explosiv	eig. Körpergew.
Maximalkraft MQ	schnell	Hanteln, Med.ball
Schnellkraft	zügig	Maschine
Kraftausdauer	langsam	Partner
		Gummizug

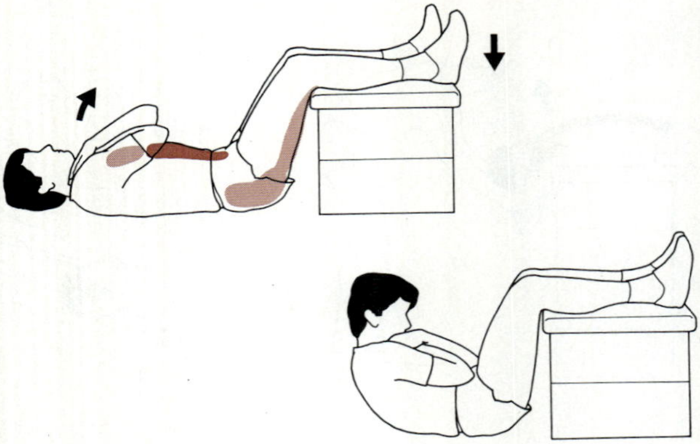

Ausführung

Oberkörper heben mit gleichzeitigem Fersendruck auf Kasten

Muskeleinsatz

gerader Bauchmuskel
großer Brustmuskel
Sitzbein-Unterschenkel-Muskeln
großer Gesäßmuskel

Hinweise

- Sehr gute isolierte Bauchmuskelübung. Durch den Fersendruck auf die Unterlage wird der Hüft-Lenden-Muskel ausgeschaltet.
- Die schräge Bauchmuskulatur kann zusätzlich mittrainiert werden, wenn der Oberkörper beim Anheben gedreht wird.
- Diese Übung ist wichtig bei muskulärem Ungleichgewicht im Hüftbereich.

Belastung	Wiederholungszahl 1–5	6–15	16–25
100%			
75%			
50%			
25%			

Kraftart	Bew. Geschwind.	Trainingsmittel
Maximalkraft IK	explosiv	eig. Körpergew.
		Hanteln, Med.ball
Maximalkraft MQ	schnell	Maschine
Schnellkraft	zügig	Partner
Kraftausdauer	langsam	Gummizug

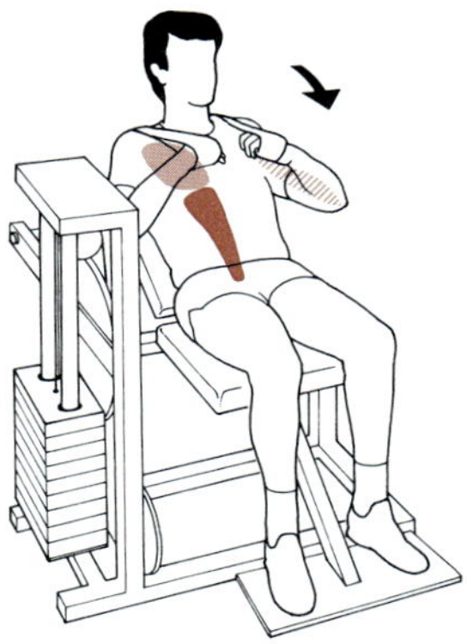

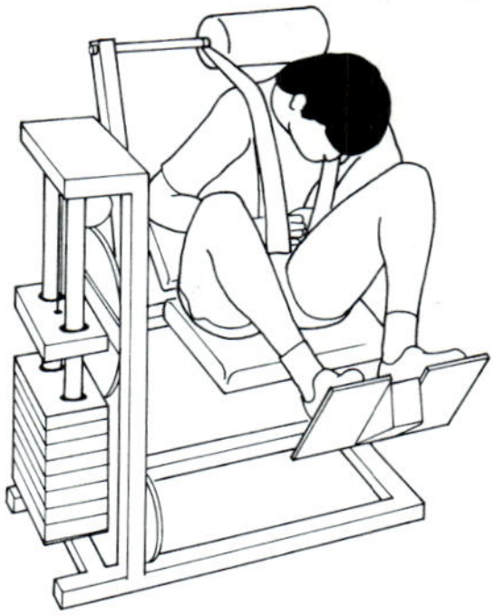

Ausführung

Im Sitz Oberkörper vorwärts beugen

Muskeleinsatz

gerader Bauchmuskel
großer Brustmuskel
dreiköpfiger Oberarmmuskel

Hinweise

- Sehr gute isolierte Bauchmuskelübung. Die Konstruktion der Kraftmaschine verhindert eine Bewegungsunterstützung durch den Hüft-Lenden-Muskel.
- Die Bewegung soll ohne Mithilfe der Arme durchgeführt werden.
- Diese Übung ist wichtig bei muskulärem Ungleichgewicht im Hüftbereich.

	Wiederholungszahl		
Belastung	1–5	6–15	16–25
100%			
75%			
50%			
25%			

Kraftart	Bew. Geschwind.	Trainingsmittel
Maximalkraft IK	explosiv	eig. Körpergew.
Maximalkraft MQ	schnell	Hanteln, Med.ball
Schnellkraft	zügig	Maschine
		Partner
Kraftausdauer	langsam	Gummizug

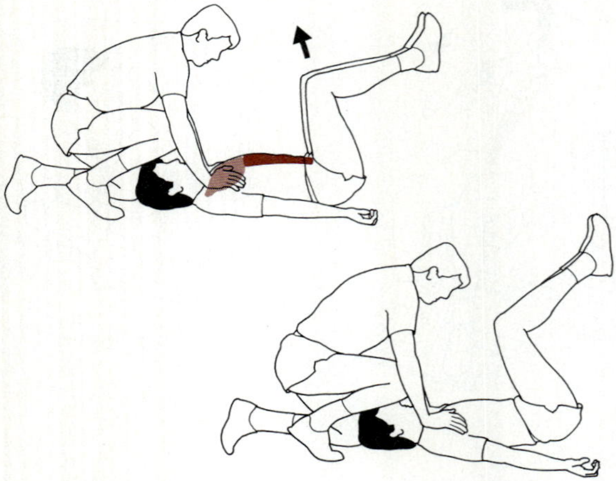

Ausführung

Aus Rückenlage Becken hochheben

Muskeleinsatz

gerader Bauchmuskel
großer Brustmuskel

Hinweise

- Sehr anspruchsvolle isolierte Bauchmuskelübung.
- Der Bewegungsumfang ist gering.
- Die Knieführung soll senkrecht nach oben erfolgen.

Belastung	Wiederholungszahl 1–5	6–15	16–25
100%			
75%			
50%			
25%			

Kraftart	Bew. Geschwind.	Trainingsmittel
Maximalkraft IK	explosiv	eig. Körpergew.
Maximalkraft MQ	schnell	Hanteln, Med.ball
		Maschine
Schnellkraft	zügig	Partner
Kraftausdauer	langsam	Gummizug

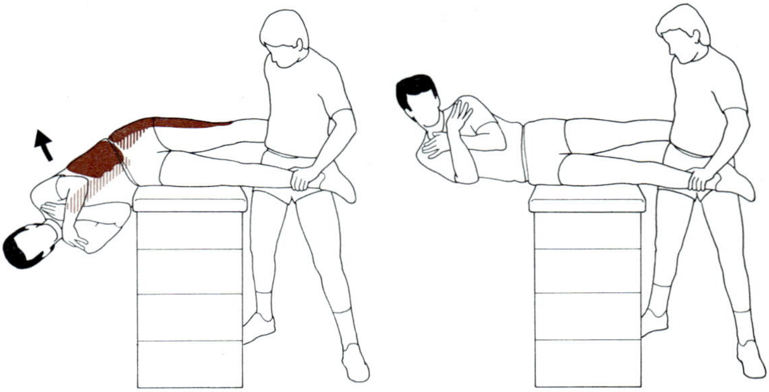

Ausführung

Aus Seitenlage auf Kasten Oberkörper seitwärts heben

Muskeleinsatz

äußerer schräger Bauchmuskel
Schenkelbindenspanner
mittlerer Gesäßmuskel
gerader Bauchmuskel
Rückenstrecker

Hinweise

- Die Fixation an den Oberschenkeln verhindert ein Ausweichen.
- Die Belastung kann durch Zusatzgewichte erhöht werden.
- Die Muskulatur soll über den ganzen Bewegungsumfang trainiert werden.

Belastung	Wiederholungszahl		
	1–5	6–15	16–25
100%			
75%			
50%			
25%			

Kraftart	Bew. Geschwind.	Trainingsmittel
Maximalkraft IK	explosiv	eig. Körpergew.
Maximalkraft MQ	schnell	Hanteln, Med.ball
		Maschine
Schnellkraft	zügig	Partner
Kraftausdauer	langsam	Gummizug

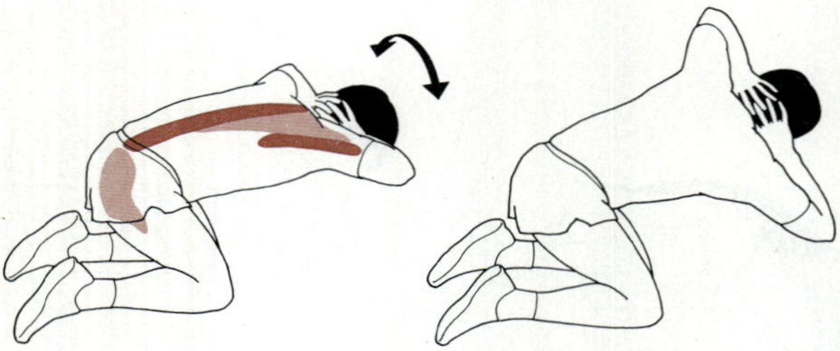

Ausführung

Mit geradem Rücken Oberkörper drehen

Muskeleinsatz

Rückenstrecker
Untergrätenmuskel
Kapuzenmuskel
großer Gesäßmuskel

Hinweise

- Da die Muskelbelastung eher gering ist, eignet sich die Übung speziell für das Kraftausdauertraining.
- Die Belastung kann durch Zusatzgewichte auf dem Nacken erhöht werden.
- Der Bewegungsumfang soll voll ausgenützt werden.

	Wiederholungszahl		
	1–5	6–15	16–25
Belastung 100%			
75%			
50%			
25%			

Kraftart	Bew. Geschwind.	Trainingsmittel
Maximalkraft IK	explosiv	eig. Körpergew.
Maximalkraft MQ	schnell	Hanteln, Med.ball
		Maschine
Schnellkraft	zügig	Partner
Kraftausdauer	langsam	Gummizug

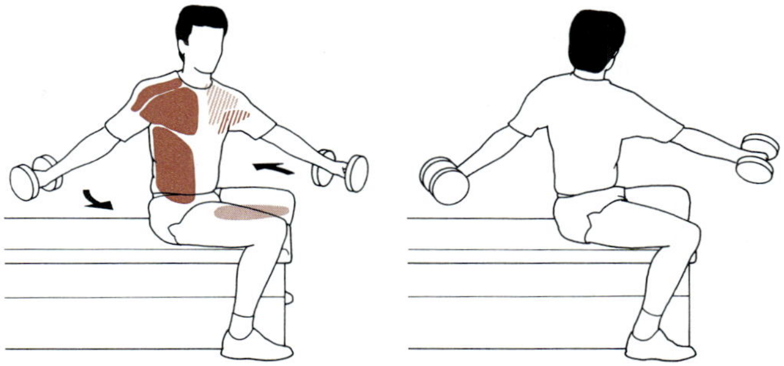

Ausführung

Im Reitsitz auf Kasten Arme horizontal schwingen

Muskeleinsatz

äußerer schräger Bauchmuskel
großer Brustmuskel
Deltamuskel
Untergrätenmuskel
Kapuzenmuskel
Schenkelanzieher

Hinweise

- Die Drehbewegung ist frühzeitig muskulär abzubremsen. (Kein Bremsen durch den Sehnen-Band-Apparat.)
- Die Fixation durch die Reitsitzstellung ermöglicht eine schnelle Bewegungsumkehr und erhöht den Muskeleinsatz.
- Die muskuläre Belastung kann durch eine tiefere Armhaltung reduziert werden.

Belastung	Wiederholungszahl 1–5	6–15	16–25
100%			
75%			
50%			
25%			

Kraftart	Bew. Geschwind.	Trainingsmittel
Maximalkraft IK	explosiv	eig. Körpergew.
Maximalkraft MQ	schnell	Hanteln, Med.ball
		Maschine
Schnellkraft	zügig	Partner
Kraftausdauer	langsam	Gummizug

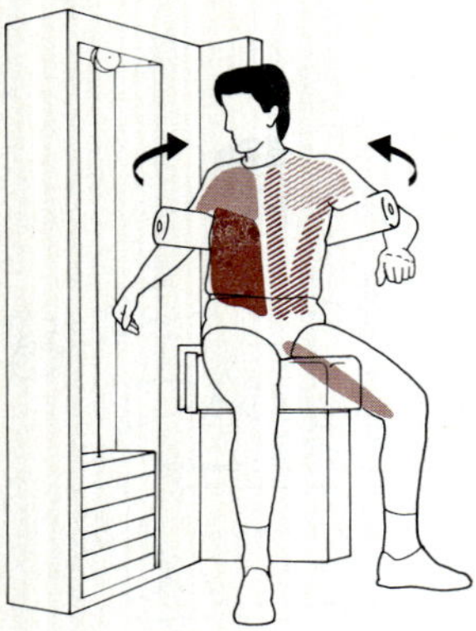

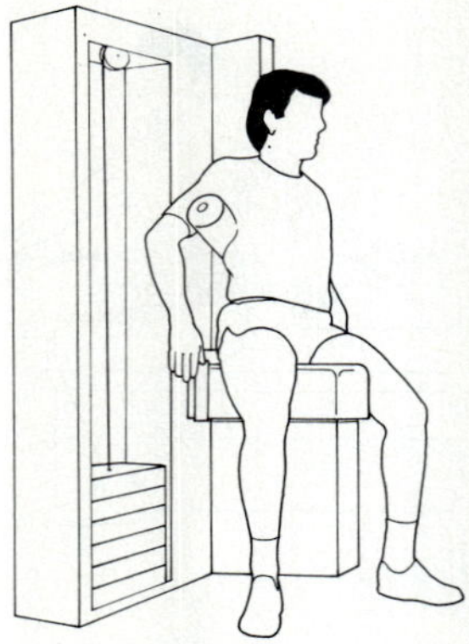

Ausführung

Im Reitsitz Oberkörper drehen

Muskeleinsatz

Rückenstrecker
breiter Rückenmuskel
äußerer schräger Bauchmuskel
gerader Bauchmuskel
großer Brustmuskel
hintere Schultermuskeln
Schenkelanzieher

Hinweise

- Das Becken wird in der Sitzposition stabilisiert.
- Bei der Bewegung werden die Rückenmuskeln der einen Körperhälfte und die Bauchmuskeln der anderen Körperseite aktiviert.
- Die Kopfhaltung kann die Bewegung unterstützen.

Belastung	Wiederholungszahl 1–5	6–15	16–25
100%			
75%			
50%			
25%			

Kraftart	Bew. Geschwind.	Trainingsmittel
Maximalkraft IK	explosiv	eig. Körpergew.
Maximalkraft MQ	schnell	Hanteln, Med.ball
Schnellkraft	zügig	Maschine
Kraftausdauer	langsam	Partner
		Gummizug

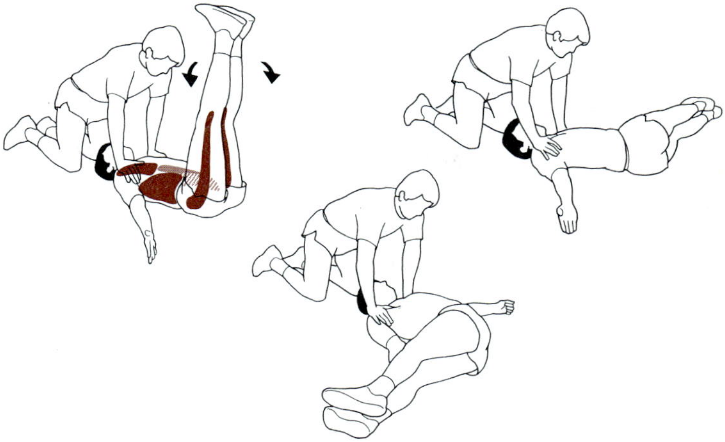

Ausführung

Scheibenwischerbewegung der Beine in Rückenlage

Muskeleinsatz

äußerer schräger Bauchmuskel
großer Brustmuskel
Schenkelbindenspanner
Schenkelanzieher
gerader Bauchmuskel
Hüft-Lenden-Muskel

Hinweise

- Sehr vielseitige Übung für alle Muskeln, die an der Rumpfdrehung beteiligt sind.
- Durch die gebeugte Hüftstellung wird vor allem die vordere Rumpfmuskulatur gekräftigt.
- Die Belastung kann durch Zusatzgewichte an den Fußgelenken oder ohne seitlichen Bodenkontakt der Beine erhöht werden.

Belastung	Wiederholungszahl 1–5	6–15	16–25
100%			
75%			
50%			
25%			

Kraftart	Bew. Geschwind.	Trainingsmittel
Maximalkraft IK	explosiv	eig. Körpergew.
Maximalkraft MQ	schnell	Hanteln, Med.ball
Schnellkraft	zügig	Maschine, Partner
Kraftausdauer	langsam	Gummizug

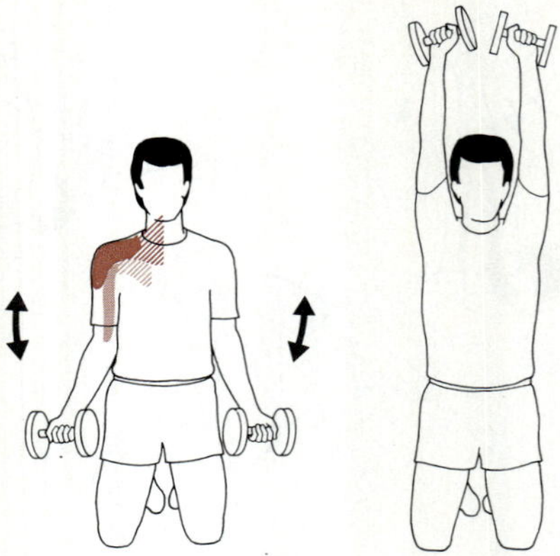

Ausführung

Im Kniestand Arme gestreckt seitwärts hochheben

Muskeleinsatz

Deltamuskel
Kapuzenmuskel
Untergrätenmuskel
dreiköpfiger Oberarmmuskel
zweiköpfiger Oberarmmuskel

Hinweise

- Die größte Muskelbeanspruchung besteht bei der horizontalen Armhaltung.
- Die Bewegungsausführung kann variiert werden (Armheben vorwärts, Armkreisen, Bauch- oder Rückenlage auf Kasten). Dadurch wird die Größe und der Bereich der Muskelaktivität leicht verändert.
- Die Übung soll nicht schwunghaft ausgeführt werden.

Belastung	Wiederholungszahl 1–5	6–15	16–25
100%			
75%			
50%			
25%			

Kraftart	Bew. Geschwind.	Trainingsmittel
Maximalkraft IK	explosiv	eig. Körpergew.
Maximalkraft MQ	schnell	Hanteln, Med.ball
Schnellkraft	zügig	Maschine
		Partner
Kraftausdauer	langsam	Gummizug

Ausführung

Im Stand Arme vorwärts hochführen

Muskeleinsatz

Deltamuskel
Kapuzenmuskel
Untergrätenmuskel
dreiköpfiger Oberarmmuskel
zweiköpfiger Oberarmmuskel
Rückenstrecker

Hinweise

- Die Übung kann in unterschiedlichen Varianten ausgeführt werden (enger/breiter Griff, Ellbogen gestreckt/gebeugt). Dadurch werden die Muskeln teilweise anders beansprucht.
- Eine Hohlkreuzstellung ist zu vermeiden.
- Weil der zweiköpfige Oberarmmuskel nur zu Beginn der Bewegung stark aktiv ist, wird die Übung gegen das Bewegungsende immer schwieriger.

Belastung	Wiederholungszahl 1–5	6–15	16–25
100%			
75%			
50%			
25%			

Kraftart	Bew. Geschwind.	Trainingsmittel
Maximalkraft IK	explosiv	eig. Körpergew.
		Hanteln, Med.ball
Maximalkraft MQ	schnell	Maschine
Schnellkraft	zügig	Partner
Kraftausdauer	langsam	Gummizug

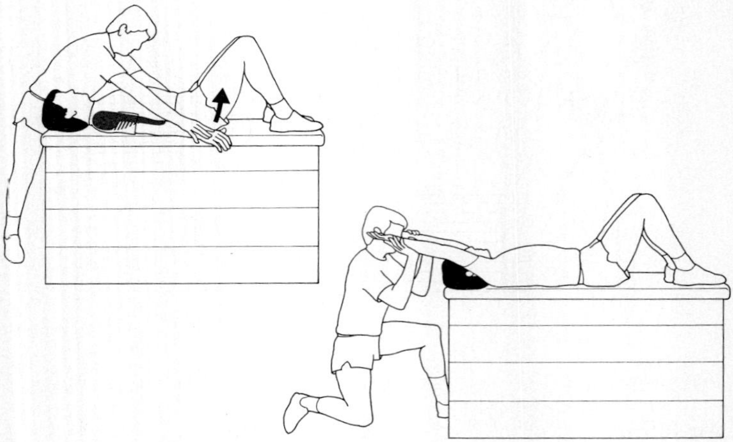

Ausführung

In Rückenlage auf Kasten
Arme vorwärts hochführen

Muskeleinsatz

Deltamuskel
Kapuzenmuskel
zweiköpfiger Oberarmmuskel
Untergrätenmuskel

Hinweise

- Der Partnerwiderstand kann über den ganzen Bewegungsumfang dem Kraftniveau des Sportlers angepaßt werden.
- Die Bewegung soll eher langsam ausgeführt werden.
- Die Arme können auch seitwärts hochgeführt werden.

	Wiederholungszahl		
	1–5	6–15	16–25
Belastung 100%			
75%			
50%			
25%			

Kraftart	Bew. Geschwind.	Trainingsmittel
Maximalkraft IK	explosiv	eig. Körpergew.
Maximalkraft MQ	schnell	Hanteln, Med.ball
Schnellkraft	zügig	Maschine
		Partner
Kraftausdauer	langsam	Gummizug

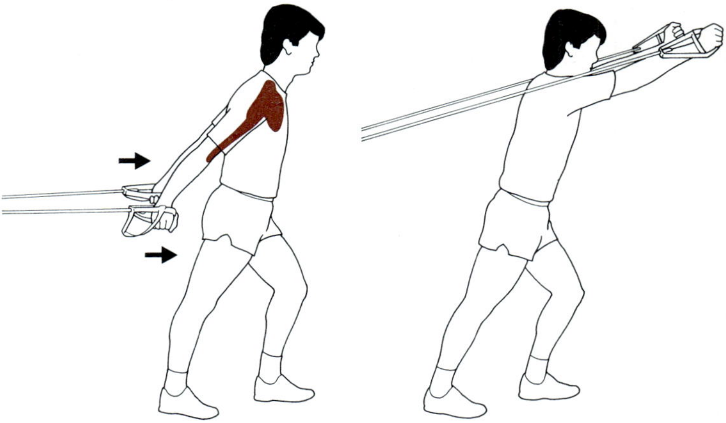

Ausführung

Aus Schrittstellung Arme vorwärts führen

Muskeleinsatz

Deltamuskel
zweiköpfiger Oberarmmuskel
großer Brustmuskel

Hinweise

- Der Bewegungsumfang soll vom Anschlag bis zur Horizontalen erfolgen.
- Die Muskelbeanspruchung ist in den tiefen Armstellungen am größten.
- Je nach Befestigungsort des Gummizuges (höher/tiefer) kann der Bereich der größten Muskelbeanspruchung verändert werden.

Belastung	Wiederholungszahl 1–5	6–15	16–25
100%			
75%			
50%			
25%			

Kraftart	Bew. Geschwind.	Trainingsmittel
Maximalkraft IK	explosiv	eig. Körpergew.
Maximalkraft MQ	schnell	Hanteln, Med.ball
Schnellkraft	zügig	Maschine
Kraftausdauer	langsam	Partner Gummizug

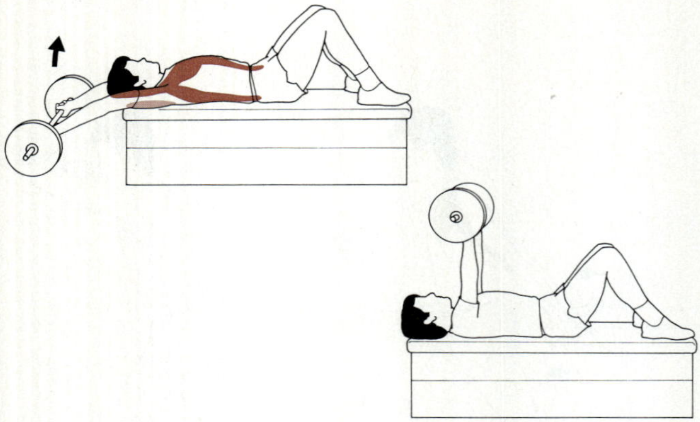

Ausführung

In Rückenlage auf Kasten
Pulloverbewegung

Muskeleinsatz

großer Brustmuskel
dreiköpfiger Oberarmmuskel
gerader Bauchmuskel
breiter Rückenmuskel
Deltamuskel

Hinweise

- Sehr wirkungsvolle, bewegungsmäßig aber anspruchsvolle Übung.
- Die Übung soll mit eher gestreckten Armen durchgeführt werden.
- Die Verletzungsanfälligkeit der Schultern kann durch allmähliche Belastungssteigerung herabgesetzt werden.
- Die größte Muskelbeanspruchung besteht im Bereich der Armhochhalte (Arme horizontal).

Belastung	Wiederholungszahl 1–5	6–15	16–25
100% – 75%			
75% – 50%			
50% – 25%			

Kraftart	Bew. Geschwind.	Trainingsmittel
Maximalkraft IK	explosiv	eig. Körpergew.
Maximalkraft MQ	schnell	Hanteln, Med.ball
Schnellkraft	zügig	Maschine
Kraftausdauer	langsam	Partner
		Gummizug

Ausführung

Im Sitz Arme seitwärts senken

Muskeleinsatz

großer Brustmuskel
breiter Rückenmuskel
Kapuzenmuskel
Untergrätenmuskel
großer Rundmuskel
dreiköpfiger Oberarmmuskel

Hinweise

- Die Belastung ist über den ganzen Bewegungsumfang ähnlich.
- Die Übung kann mit gestreckten oder gebeugten Armen durchgeführt werden.
- Die Handhaltung (Ristgriff, Kammgriff) beeinflußt die Trainingswirkung.

Belastung	Wiederholungszahl 1–5	6–15	16–25
100%–75%			
75%–50%			
50%–25%			

Kraftart	Bew. Geschwind.	Trainingsmittel
Maximalkraft IK	explosiv	eig. Körpergew.
Maximalkraft MQ	schnell	Hanteln, Med.ball
Schnellkraft	zügig	Maschine
Kraftausdauer	langsam	Partner
		Gummizug

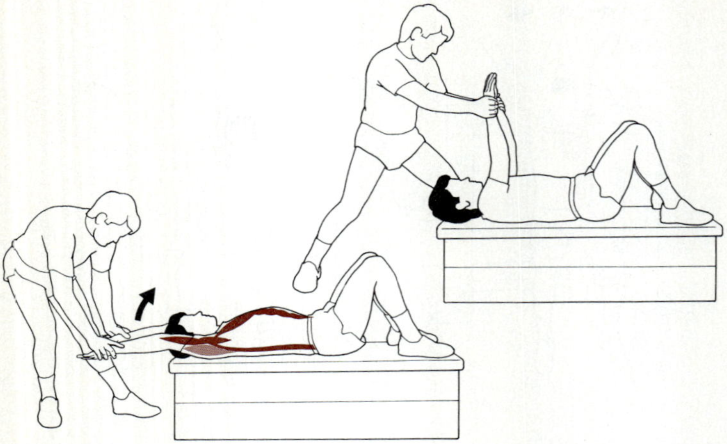

Ausführung

In Rückenlage auf Kasten
Pulloverbewegung

Muskeleinsatz

großer Brustmuskel
dreiköpfiger Oberarmmuskel
gerader Bauchmuskel
breiter Rückenmuskel
Deltamuskel

Hinweise

- Die Muskulatur kann über den ganzen Bewegungsumfang trainiert werden.
- Der Partnerwiderstand kann während der ganzen Bewegung dem Kraftniveau des Sportlers angepaßt werden.
- Die Armführung kann variiert werden (Handstellung, Griffbreite, seitwärts).

Belastung	Wiederholungszahl 1–5	6–15	16–25
100%			
75%			
50%			
25%			

Kraftart	Bew. Geschwind.	Trainingsmittel
Maximalkraft IK	explosiv	eig. Körpergew.
Maximalkraft MQ	schnell	Hanteln, Med.ball
Schnellkraft	zügig	Maschine
		Partner
Kraftausdauer	langsam	Gummizug

Ausführung

In Schrittstellung Arme rückwärts abwärts führen

Muskeleinsatz

großer Brustmuskel
dreiköpfiger Oberarmmuskel
gerader Bauchmuskel
breiter Rückenmuskel
Untergrätenmuskel
Kapuzenmuskel

Hinweise

- Der Bewegungsumfang soll von der Horizontalen bis zum Anschlag erfolgen.
- Die Muskelbeanspruchung ist in der Schlußphase am größten.
- Je nach Befestigungsort des Gummizuges können Größe und Bereich der Muskelbeanspruchung verändert werden.

Belastung	Wiederholungszahl 1–5	6–15	16–25
100%			
75%			
50%			
25%			

Kraftart	Bew. Geschwind.	Trainingsmittel
Maximalkraft IK	explosiv	eig. Körpergew.
Maximalkraft MQ	schnell	Hanteln, Med.ball
		Maschine
Schnellkraft	zügig	Partner
Kraftausdauer	langsam	Gummizug

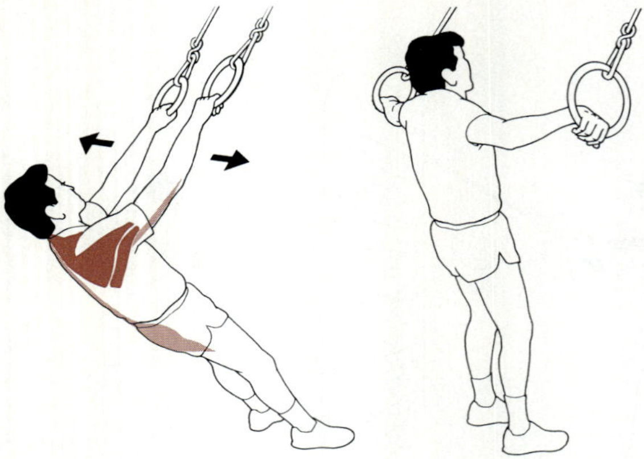

Ausführung

In Schräglage Arme seitwärts rückwärts führen

Muskeleinsatz

Kapuzenmuskel
großer Rundmuskel
Untergrätenmuskel
dreiköpfiger Oberarmmuskel
Rückenstrecker
großer Gesäßmuskel

Hinweise

- Die Trainingswirkung ist bei geöffneter Armhaltung am größten.
- Die muskuläre Belastung kann durch die Körperlage (steil, flach) verändert werden.
- Wichtige Haltungsübung für Sportler mit Rundrücken.
- Wird die Übung mit gebeugten Armen durchgeführt, werden noch zusätzliche Muskeln aktiviert (z. B. zweiköpfiger Oberarmmuskel).

Belastung	Wiederholungszahl 1–5	6–15	16–25
100%			
75%			
50%			
25%			

Kraftart	Bew. Geschwind.	Trainingsmittel
Maximalkraft IK	explosiv	eig. Körpergew.
Maximalkraft MQ	schnell	Hanteln, Med.ball
Schnellkraft	zügig	Maschine
Kraftausdauer	langsam	Partner
		Gummizug

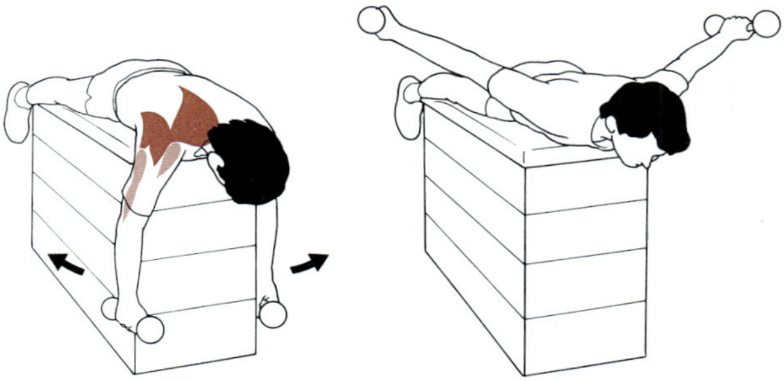

Ausführung

In Bauchlage auf Kasten
Arme seitwärts heben

Muskeleinsatz

Kapuzenmuskel
großer Rundmuskel
Untergrätenmuskel
dreiköpfiger Oberarmmuskel
Deltamuskel

Hinweise

- Wichtige Haltungsübung für Sportler mit Rundrücken.
- Die Trainingswirkung ist bei geöffneter Armhaltung am größten.
- Die Belastung kann durch unterschiedliche Armhaltung verändert werden (Arme gebeugt, Hanteln vertikal).
- Bei zusätzlichem Abheben des Oberkörpers werden auch der Rückenstrecker und die Hüftstrecker aktiviert.

	Wiederholungszahl		
	1–5	6–15	16–25
Belastung 100%			
75%			
50%			
25%			

Kraftart	Bew. Geschwind.	Trainingsmittel
Maximalkraft IK	explosiv	eig. Körpergew.
Maximalkraft MQ	schnell	Hanteln, Med.ball
Schnellkraft	zügig	Maschine
		Partner
Kraftausdauer	langsam	Gummizug

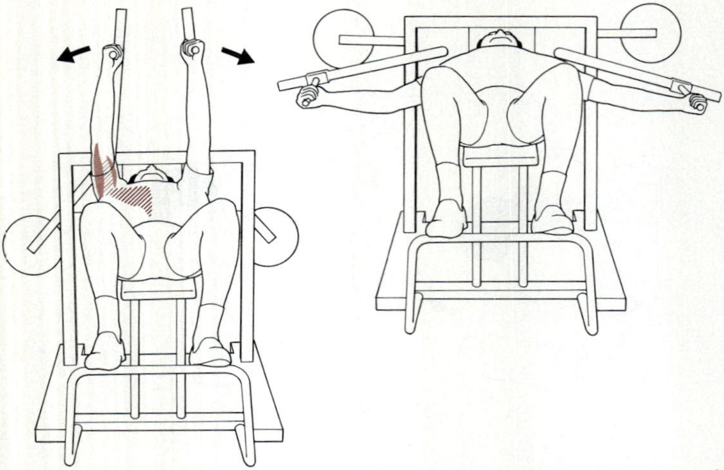

Ausführung

In Rückenlage Arme seitwärts rückwärts führen

Muskeleinsatz

Kapuzenmuskel
großer Rundmuskel
Untergrätenmuskel
dreiköpfiger Oberarmmuskel
Deltamuskel

Hinweise

- Isolierte Übung für die hintere Schultermuskulatur.
- Die Muskulatur kann über den ganzen Bewegungsumfang gut trainiert werden.
- Die Belastung kann durch unterschiedliche Handhaltung verändert werden.

Belastung	Wiederholungszahl 1–5	6–15	16–25
100%			
75%			
50%			
25%			

Kraftart	Bew. Geschwind.	Trainingsmittel
Maximalkraft IK	explosiv	eig. Körpergew.
Maximalkraft MQ	schnell	Hanteln, Med.ball
Schnellkraft	zügig	Maschine
		Partner
Kraftausdauer	langsam	Gummizug

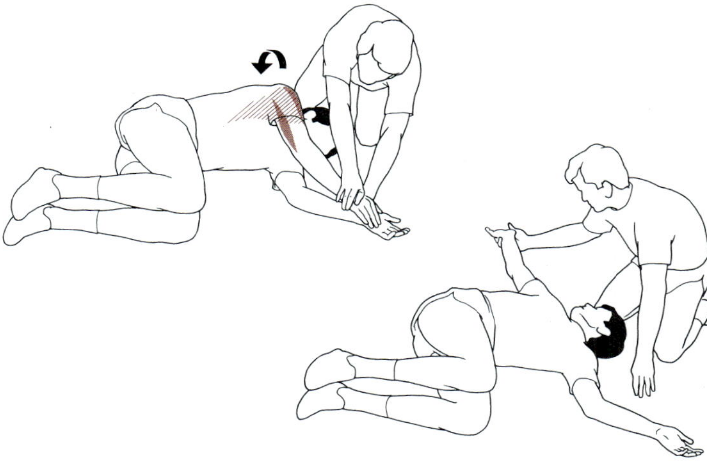

Ausführung

In Seitenlage Arm
seitwärts rückwärts führen

Muskeleinsatz

Kapuzenmuskel
großer Rundmuskel
Untergrätenmuskel
dreiköpfiger Oberarmmuskel
Deltamuskel

Hinweise

- Der Partnerwiderstand kann über den ganzen Bewegungsumfang optimal angepaßt werden.
- Die hintere Schultermuskulatur wird beidseitig trainiert.
- Die Übung kann auch ohne Rumpfdrehung durchgeführt werden. Dadurch wird der Bewegungsumfang für den oberen Arm vergrößert, und der untere Arm wird statisch belastet.

Belastung	Wiederholungszahl 1–5	6–15	16–25
100%			
75%			
50%			
25%			

Kraftart	Bew. Geschwind.	Trainingsmittel
Maximalkraft IK	explosiv	eig. Körpergew.
Maximalkraft MQ	schnell	Hanteln, Med.ball
Schnellkraft	zügig	Maschine
		Partner
Kraftausdauer	langsam	Gummizug

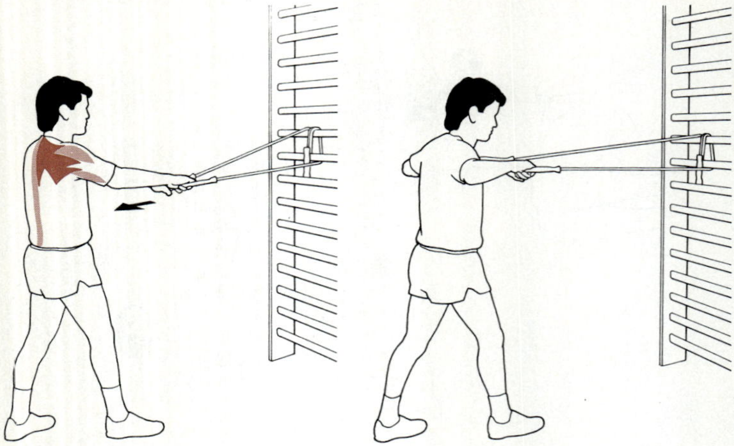

Ausführung

In Vorschrittstellung Arme seitwärts rückwärts führen

Muskeleinsatz

Kapuzenmuskel
großer Rundmuskel
Untergrätenmuskel
dreiköpfiger Oberarmmuskel
Deltamuskel
Rückenstrecker

Hinweise

- Je nach Zugrichtung, Befestigung des Gummizuges und Armhaltung wird die Muskulatur unterschiedlich belastet.
- Die größte Belastung wird bei geöffneter Armhaltung erreicht.
- Da der Widerstand relativ gering ist, eignet sich diese Übung nur für das Kraftausdauertraining.

	Wiederholungszahl		
Belastung	1–5	6–15	16–25
100%			
75%			
50%			
25%			

Kraftart	Bew. Geschwind.	Trainingsmittel
Maximalkraft IK	explosiv	eig. Körpergew.
		Hanteln, Med.ball
Maximalkraft MQ	schnell	Maschine
Schnellkraft	zügig	Partner
Kraftausdauer	langsam	Gummizug

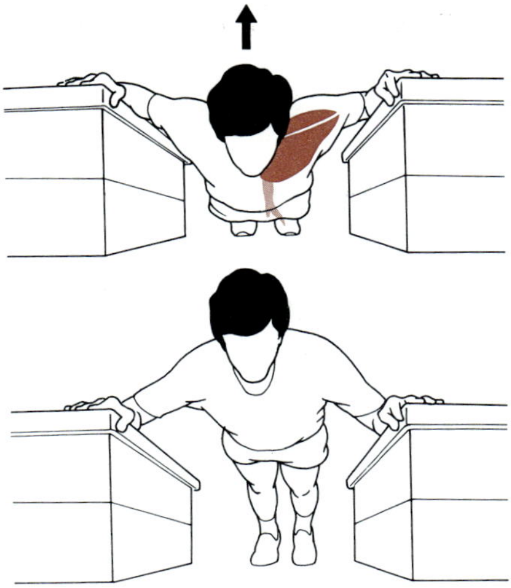

Ausführung

Aus leichter Schräglage mit aufgestützten Unterarmen Körper rückwärts heben

Muskeleinsatz

großer Brustmuskel
Deltamuskel
gerader Bauchmuskel
Hüft-Lenden-Muskel

Hinweise

- Sehr anspruchsvolle Maximalkraftübung.
- Die Abstützung der Arme soll rechtwinklig sein (Rumpf – Oberarm, Oberarm – Unterarm).
- Die Belastung ist bei niedriger Kastenhöhe am größten.

Belastung	Wiederholungszahl 1–5	6–15	16–25
100%			
75%			
50%			
25%			

Kraftart	Bew. Geschwind.	Trainingsmittel
Maximalkraft IK	explosiv	eig. Körpergew.
Maximalkraft MQ	schnell	Hanteln, Med.ball
		Maschine
Schnellkraft	zügig	Partner
Kraftausdauer	langsam	Gummizug

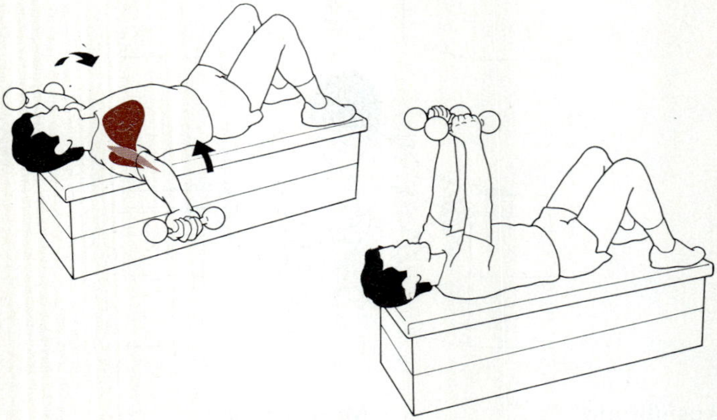

Ausführung

In Rückenlage auf Kasten
Arme seitwärts heben

Muskeleinsatz

großer Brustmuskel
Deltamuskel
zweiköpfiger Oberarmmuskel

Hinweise

- Die Belastung kann durch unterschiedliche Armhaltung verändert werden (Arme leicht gebeugt, Hanteln vertikal).
- Die Trainingswirkung ist in der Seithalte am größten.
- Die Bewegung soll am Bewegungsanschlag beginnen.

Belastung	Wiederholungszahl 1–5	6–15	16–25
100%			
75%			
50%			
25%			

Kraftart	Bew. Geschwind.	Trainingsmittel
Maximalkraft IK	explosiv	eig. Körpergew.
Maximalkraft MQ	schnell	Hanteln, Med.ball
		Maschine
Schnellkraft	zügig	Partner
Kraftausdauer	langsam	Gummizug

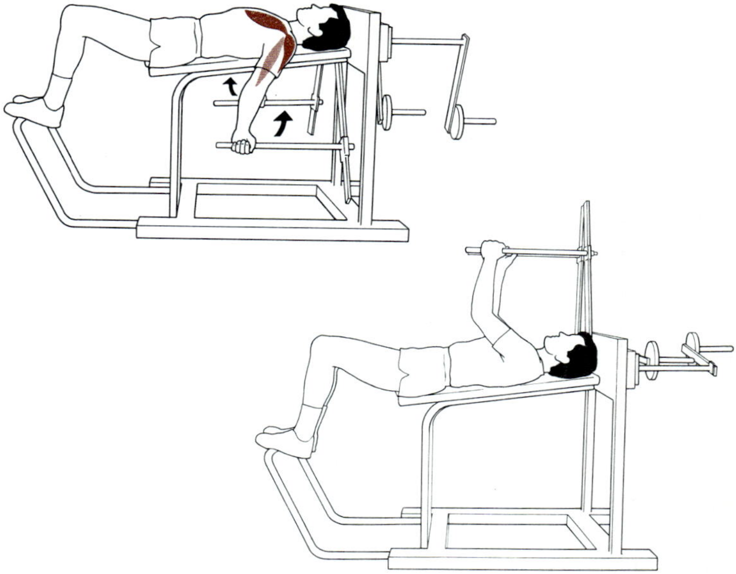

Ausführung

In Rückenlage Arme seitwärts heben

Muskeleinsatz

großer Brustmuskel
Deltamuskel
zweiköpfiger Oberarmmuskel

Hinweise

- Isolierte Übung für die vordere Schultermuskulatur.
- Die Muskulatur kann über den ganzen Bewegungsumfang gut trainiert werden.
- Die Übung kann auch mit gebeugten Armen und Widerstand an den Oberarmen ausgeführt werden.

Belastung	Wiederholungszahl 1–5	6–15	16–25
100%			
75%			
50%			
25%			

Kraftart	Bew. Geschwind.	Trainingsmittel
Maximalkraft IK	explosiv	eig. Körpergew.
		Hanteln, Med.ball
Maximalkraft MQ	schnell	Maschine
Schnellkraft	zügig	Partner
Kraftausdauer	langsam	Gummizug

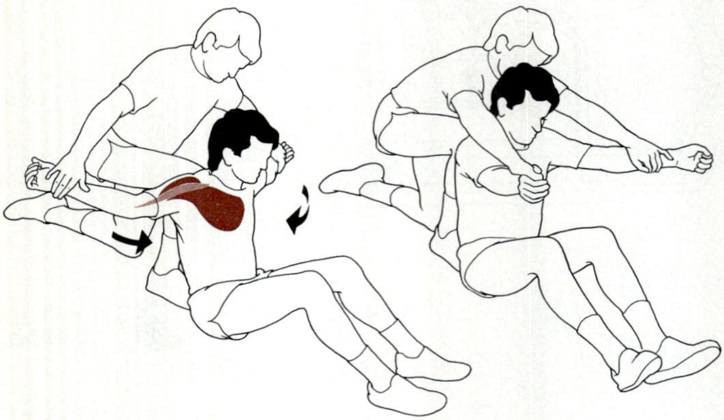

Ausführung

Im Langsitz Arme horizontal vorwärts führen

Muskeleinsatz

großer Brustmuskel
Deltamuskel
zweiköpfiger Oberarmmuskel

Hinweise

- Der Widerstand kann vom Partner über den ganzen Bewegungsumfang angepaßt werden.
- Die Übung kann auch mit hinter dem Kopf gehaltenen Händen durchgeführt werden (Widerstand am Ellbogen).
- Der Partner soll die Arme des Sportlers bis an den hinteren Bewegungsanschlag zurückziehen.

Belastung	Wiederholungszahl 1–5	6–15	16–25
100%			
75%			
50%			
25%			

Kraftart	Bew. Geschwind.	Trainingsmittel
Maximalkraft IK	explosiv	eig. Körpergew.
Maximalkraft MQ	schnell	Hanteln, Med.ball
Schnellkraft	zügig	Maschine
Kraftausdauer	langsam	Partner
		Gummizug

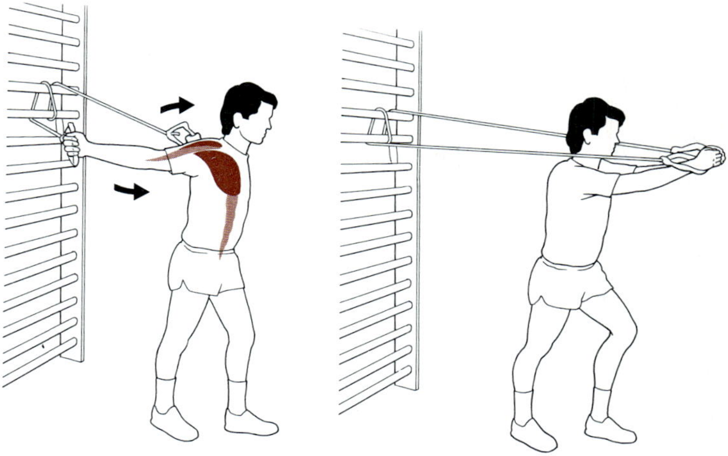

Ausführung

In Grätschstellung Arme seitwärts vorwärts führen

Muskeleinsatz

großer Brustmuskel
Deltamuskel
zweiköpfiger Oberarmmuskel
gerader Bauchmuskel

Hinweise

- Der Körper ist in der Ausgangsstellung in leichter Vorlage zu halten. Dadurch werden die Arme in den hinteren Bewegungsanschlag gezogen.
- Die Muskulatur wird in der Anfangsphase der Bewegung am meisten belastet.
- Die Trainingswirkung kann durch größere Vorlage gesteigert werden.

Belastung	Wiederholungszahl		
	1–5	6–15	16–25
100%			
75%			
50%			
25%			

Kraftart	Bew. Geschwind.	Trainingsmittel
Maximalkraft IK	explosiv	eig. Körpergew.
Maximalkraft MQ	schnell	Hanteln, Med.ball
Schnellkraft	zügig	Maschine
		Partner
Kraftausdauer	langsam	Gummizug

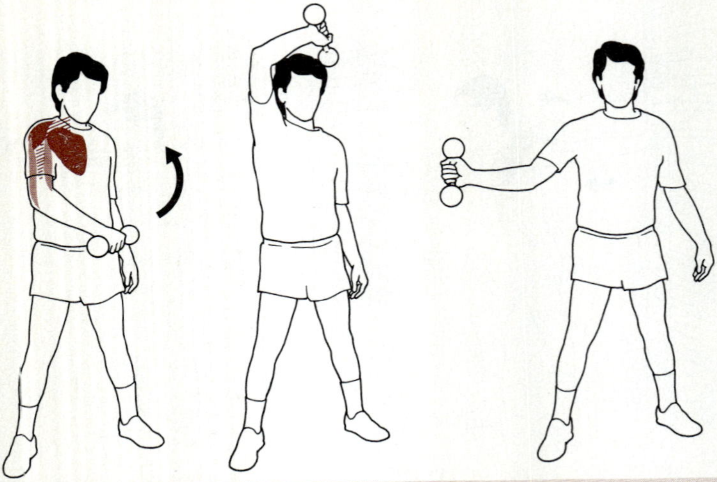

Ausführung

Einarmiges Armkreisen um den Kopf

Muskeleinsatz

Kapuzenmuskel
Deltamuskel
großer Brustmuskel
Untergrätenmuskel
großer Rundmuskel
zweiköpfiger Oberarmmuskel
dreiköpfiger Oberarmmuskel

Hinweise

- Komplexe Trainingsübung für den ganzen Schultergürtel.
- Das Armkreisen soll im Uhrzeiger- und im Gegenuhrzeigersinn durchgeführt werden.
- Um Verletzungen vorzubeugen, ist die Belastung langsam zu steigern und die Bewegung kontrolliert auszuführen.

Belastung	Wiederholungszahl 1–5	6–15	16–25
100%			
75%			
50%			
25%			

Kraftart	Bew. Geschwind.	Trainingsmittel
Maximalkraft IK	explosiv	eig. Körpergew.
Maximalkraft MQ	schnell	Hanteln, Med.ball
Schnellkraft	zügig	Maschine
Kraftausdauer	langsam	Partner
		Gummizug

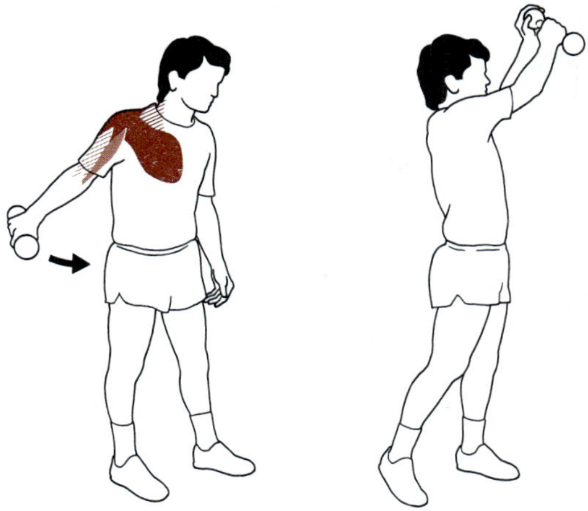

Ausführung

Arm schräg vorwärts und rückwärts schwingen

Muskeleinsatz

Kapuzenmuskel
Deltamuskel
großer Brustmuskel
Untergrätenmuskel
großer Rundmuskel
zweiköpfiger Oberarmmuskel
dreiköpfiger Oberarmmuskel

Hinweise

- Komplexe Trainingsübung für den ganzen Schultergürtel.
- Der Oberkörper wird während der Bewegung durch die Rumpfmuskulatur stabilisiert.
- Eine Belastungserhöhung bringt vor allem eine größere Belastung der Armheber.

Belastung	Wiederholungszahl 1–5	6–15	16–25
100%			
75%			
50%			
25%			

Kraftart	Bew. Geschwind.	Trainingsmittel
Maximalkraft IK	explosiv	eig. Körpergew.
Maximalkraft MQ	schnell	Hanteln, Med.ball
		Maschine
Schnellkraft	zügig	Partner
Kraftausdauer	langsam	Gummizug

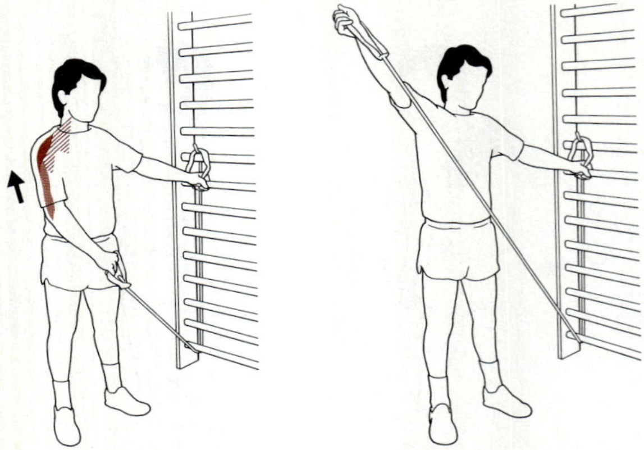

Ausführung

Arm schräg rückwärts aufwärts schwingen

Muskeleinsatz

Kapuzenmuskel
Deltamuskel
Untergrätenmuskel
dreiköpfiger Oberarmmuskel

Hinweise

- Komplexe Trainingsübung für die obere und hintere Schultermuskulatur.
- Die größte Belastung ist gegen Ende der Bewegung.
- Die Bewegung soll über einen möglichst großen Umfang ausgeführt werden.

Belastung	Wiederholungszahl		
	1–5	6–15	16–25
100%			
75%			
50%			
25%			

Kraftart	Bew. Geschwind.	Trainingsmittel
Maximalkraft IK	explosiv	eig. Körpergew.
Maximalkraft MQ	schnell	Hanteln, Med.ball
		Maschine
Schnellkraft	zügig	Partner
Kraftausdauer	langsam	Gummizug

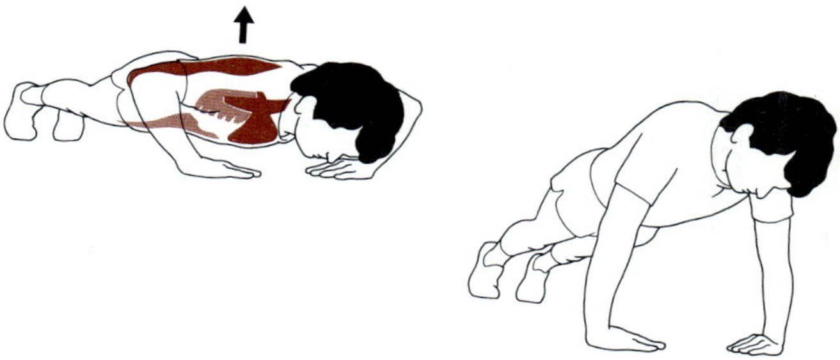

Ausführung

Liegestütze mit einwärts gedrehten Händen

Muskeleinsatz

dreiköpfiger Oberarmmuskel
großer Brustmuskel
Deltamuskel
gerader Bauchmuskel
Hüft-Lenden-Muskel
Sägemuskel

Hinweise

- Die Ausführung mit einwärts gedrehten Händen ist die anspruchsvollste Liegestützvariante.
- Bei enger Handstellung wird vor allem der dreiköpfiger Oberarmmuskel, bei breiter Handstellung vermehrt der große Brustmuskel trainiert.
- Die Belastung kann durch Erhöhen des Oberkörpers vermindert, durch Erhöhen der Beine gesteigert werden. Dabei werden teilweise unterschiedliche Muskeln eingesetzt.

Belastung	Wiederholungszahl 1–5	6–15	16–25
100%			
75%			
50%			
25%			

Kraftart	Bew. Geschwind.	Trainingsmittel
Maximalkraft IK	explosiv	eig. Körpergew.
Maximalkraft MQ	schnell	Hanteln, Med.ball
Schnellkraft	zügig	Maschine
		Partner
Kraftausdauer	langsam	Gummizug

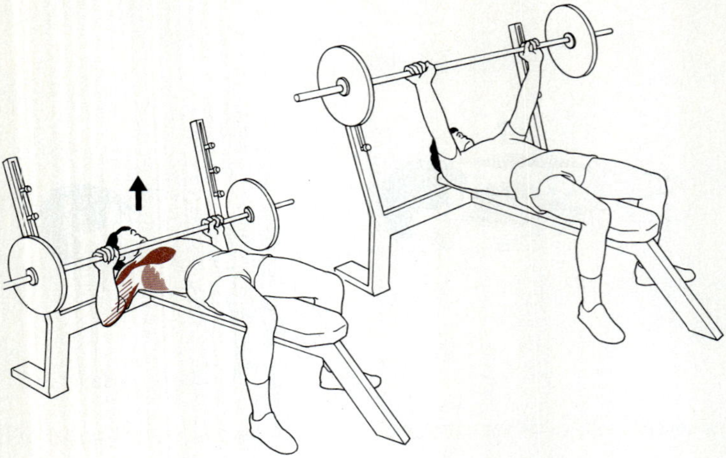

Ausführung

Bankdrücken

Muskeleinsatz

dreiköpfiger Oberarmmuskel
großer Brustmuskel
Deltamuskel
Sägemuskel

Hinweise

- Bei engem Griff wird vor allem der dreiköpfige Oberarmmuskel, bei breitem Griff vermehrt der große Brustmuskel trainiert.
- Die Übung kann auch mit gebeugten Hüften ausgeführt werden (keine Hohlkreuzstellung).
- Die Bewegung kann auch auf der Schrägbank oder im Sitz durchgeführt werden. Entsprechend unterschiedlich sind gewisse Muskelaktivitäten.

	Wiederholungszahl		
Belastung	1–5	6–15	16–25
100%			
75%			
50%			
25%			

Kraftart	Bew. Geschwind.	Trainingsmittel
Maximalkraft IK	explosiv	eig. Körpergew.
Maximalkraft MQ	schnell	Hanteln, Med.ball
Schnellkraft	zügig	Maschine
		Partner
Kraftausdauer	langsam	Gummizug

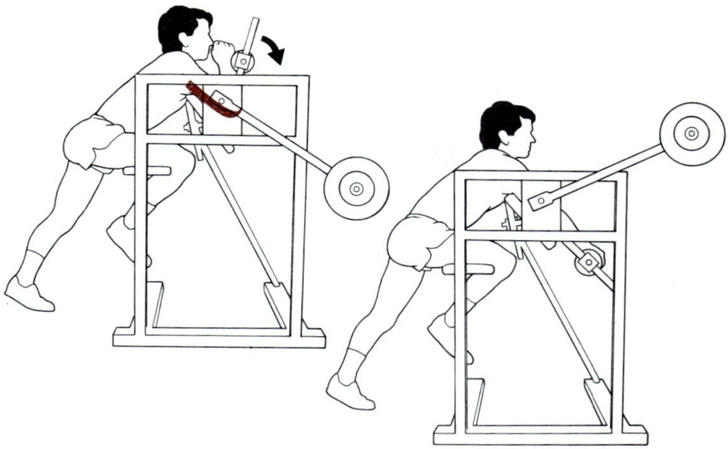

Ausführung

Arme strecken

Muskeleinsatz

dreiköpfiger Oberarmmuskel

Hinweise

- Isolierte Übung für den dreiköpfigen Oberarmmuskel.
- Es soll ein möglichst großer Bewegungsumfang ausgenützt werden.
- Die Übung kann auch einarmig durchgeführt werden.
- Durch den Widerstand an den Händen wird zusätzlich die Unterarmmuskulatur trainiert.

Belastung	Wiederholungszahl 1–5	6–15	16–25
100%			
75%			
50%			
25%			

Kraftart	Bew. Geschwind.	Trainingsmittel
Maximalkraft IK	explosiv	eig. Körpergew.
Maximalkraft MQ	schnell	Hanteln, Med.ball
Schnellkraft	zügig	Maschine
		Partner
Kraftausdauer	langsam	Gummizug

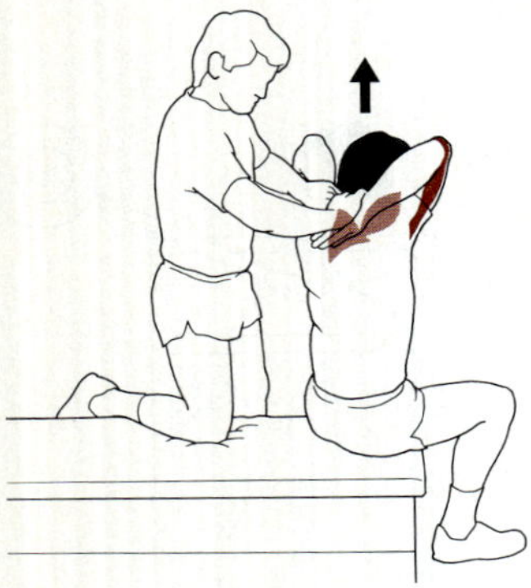

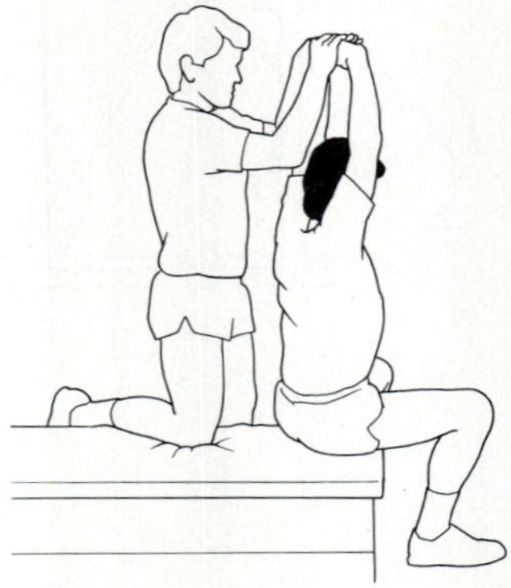

Ausführung

Im Sitz Arme hochstrecken

Muskeleinsatz

dreiköpfiger Oberarmmuskel
Deltamuskel
Kapuzenmuskel

Hinweise

- Der Rücken soll möglichst gerade gehalten werden.
- Der Partnerwiderstand kann über den ganzen Bewegungsumfang optimal angepaßt werden.
- Die Streckkraft ist in dieser Stellung eher gering, da die Hilfe der Brustmuskulatur wegfällt.

Belastung	Wiederholungszahl 1–5	6–15	16–25
100%			
75%			
50%			
25%			

Kraftart	Bew. Geschwind.	Trainingsmittel
Maximalkraft IK	explosiv	eig. Körpergew.
		Hanteln, Med.ball
Maximalkraft MQ	schnell	Maschine
Schnellkraft	zügig	Partner
Kraftausdauer	langsam	Gummizug

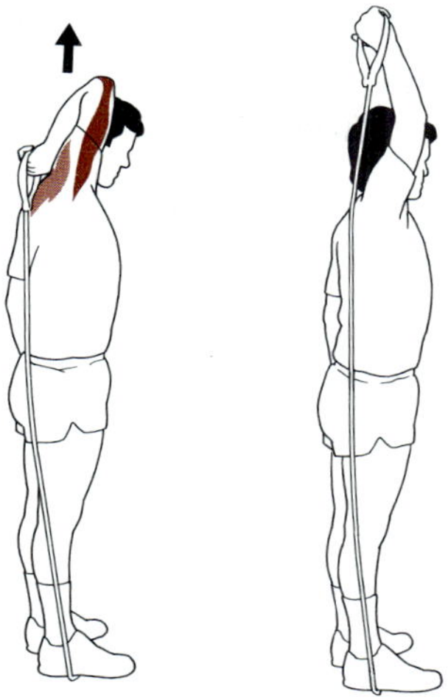

Ausführung

Im Stand Arm hochstrecken

Muskeleinsatz

dreiköpfiger Oberarmmuskel
Deltamuskel
Kapuzenmuskel

Hinweise

- Die Belastung ist in der Endphase der Streckung am größten.
- Der Oberarm soll während der Übung in einer fixen Position gehalten werden.
- Die Übung kann auch beidarmig ausgeführt werden.

Belastung	Wiederholungszahl 1–5	6–15	16–25
100%			
75%			
50%			
25%			

Kraftart	Bew. Geschwind.	Trainingsmittel
Maximalkraft IK	explosiv	eig. Körpergew.
Maximalkraft MQ	schnell	Hanteln, Med.ball
		Maschine
Schnellkraft	zügig	Partner
Kraftausdauer	langsam	Gummizug

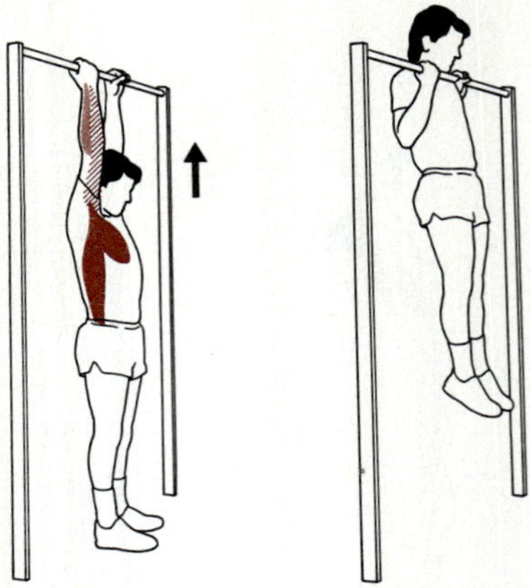

Ausführung

Klimmzüge im Zwiegriff

Muskeleinsatz

zweiköpfiger Oberarmmuskel
Oberarm-Speichen-Muskel
tiefer Armbeuger
großer Brustmuskel
breiter Rückenmuskel
Unterarmmuskeln

Hinweise

- Durch den Zwiegriff wird die Muskulatur etwas unterschiedlich trainiert (Griffwechsel).
- Die Belastung kann durch Zusatzgewichte erhöht und durch Anspringen ans Reck oder Beinabstützen (Körperschräglage) vermindert werden.
- Die Übung kann auch statisch oder dynamisch bremsend ausgeführt werden.

	Wiederholungszahl		
Belastung	1–5	6–15	16–25
100% – 75%			
75% – 50%			
50% – 25%			

Kraftart	Bew. Geschwind.	Trainingsmittel
Maximalkraft IK	explosiv	eig. Körpergew.
Maximalkraft MQ	schnell	Hanteln, Med.ball
Schnellkraft	zügig	Maschine
Kraftausdauer	langsam	Partner
		Gummizug

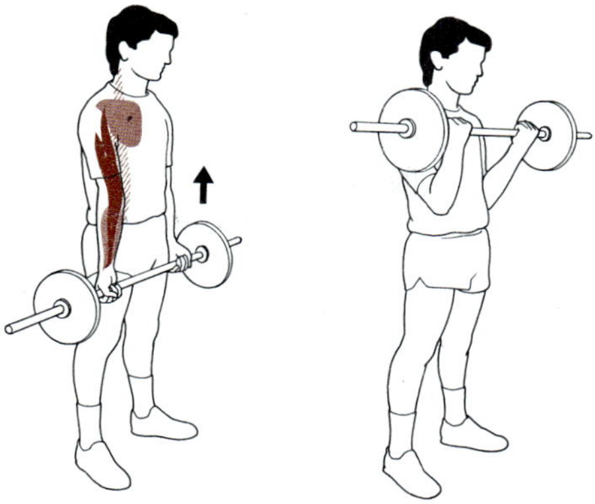

<u>Ausführung</u>

Mit aufgestützten Ellbogen Arme beugen

<u>Muskeleinsatz</u>

zweiköpfiger Oberarmmuskel
Oberarm-Speichen-Muskel
tiefer Armbeuger
Unterarmmuskeln
Rückenstrecker
großer Brustmuskel

<u>Hinweise</u>

- Isolierte Armbeugerübung.
- Ein Ausweichen der Ellbogen nach hinten erleichtert die Übung (Verkürzung des Hebelarms).
- Die Übung kann auch mit Kugelhanteln und mit verschiedenen Handstellungen durchgeführt werden.
- Extreme Hohlkreuzstellungen sind zu vermeiden.

Belastung	Wiederholungszahl 1–5	6–15	16–25
100%			
75%			
50%			
25%			

Kraftart	Bew. Geschwind.	Trainingsmittel
Maximalkraft IK	explosiv	eig. Körpergew.
Maximalkraft MQ	schnell	Hanteln, Med.ball
Schnellkraft	zügig	Maschine
Kraftausdauer	langsam	Partner
		Gummizug

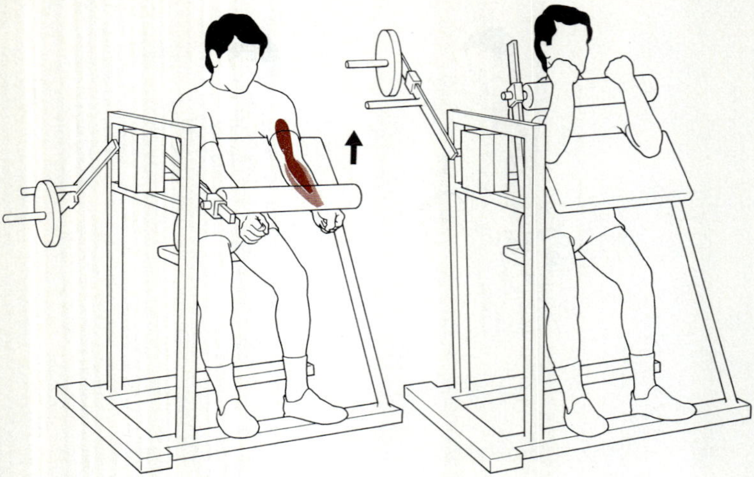

Ausführung

Arme beugen

Muskeleinsatz

zweiköpfiger Oberarmmuskel
Oberarm-Speichen-Muskel
tiefer Armbeuger
Unterarmmuskeln

Hinweise

- Isolierte Übung für die Armbeuger.
- Es ist der ganze Bewegungsumfang auszunützen.
- Die Übung kann auch einarmig ausgeführt werden.
- Die Handstellung kann variiert werden.

Belastung	Wiederholungszahl 1–5	6–15	16–25
100%–75%			
75%–50%			
50%–25%			

Kraftart	Bew. Geschwind.	Trainingsmittel
Maximalkraft IK	explosiv	eig. Körpergew.
Maximalkraft MQ	schnell	Hanteln, Med.ball
Schnellkraft	zügig	Maschine
Kraftausdauer	langsam	Partner
		Gummizug

Ausführung

Mit aufgestützten Oberarmen Arme beugen

Muskeleinsatz

zweiköpfiger Oberarmmuskel
Oberarm-Speichen-Muskel
tiefer Armbeuger
Unterarmmuskeln

Hinweise

- Der Partnerwiderstand kann über den ganzen Bewegungsumfang optimal angepaßt werden.
- Es soll möglichst der ganze Bewegungsumfang ausgenützt werden.
- Durch den Widerstand an den Händen wird die Belastung der Unterarmmuskulatur vergrößert und je nach Handstellung zusätzlich verändert.

Belastung	Wiederholungszahl 1–5	6–15	16–25
100%			
75%			
50%			
25%			

Kraftart	Bew. Geschwind.	Trainingsmittel
Maximalkraft IK	explosiv	eig. Körpergew.
Maximalkraft MQ	schnell	Hanteln, Med.ball
Schnellkraft	zügig	Maschine
		Partner
Kraftausdauer	langsam	Gummizug

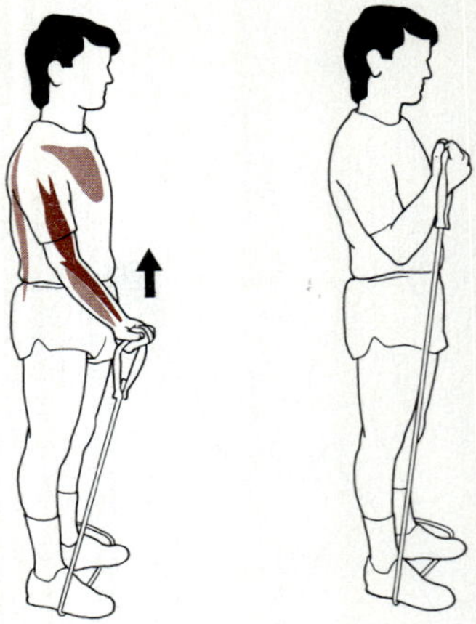

Ausführung

Im Stand Arm beugen

Muskeleinsatz

zweiköpfiger Oberarmmuskel
Oberarm-Speichen-Muskel
tiefer Armbeuger
Unterarmmuskeln
Rückenstrecker
großer Brustmuskel

Hinweise

- Die größte Belastung ist in der Endphase der Beugebewegung.
- Die Bewegung kann vorwärts oder seitwärts hoch ausgeführt werden.
- Die Handstellung soll variiert werden.

	Wiederholungszahl		
	1–5	6–15	16–25
Belastung 100%			
75%			
50%			
25%			

Kraftart	Bew. Geschwind.	Trainingsmittel
Maximalkraft IK	explosiv	eig. Körpergew.
Maximalkraft MQ	schnell	Hanteln, Med.ball
Schnellkraft	zügig	Maschine
Kraftausdauer	langsam	Partner
		Gummizug

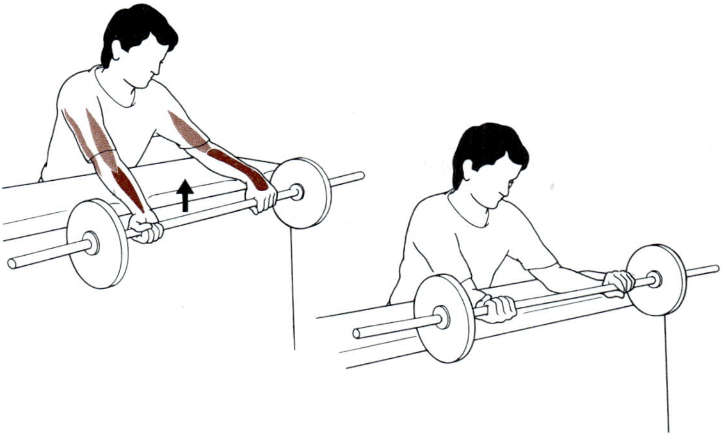

Ausführung

Mit aufgestützten Unterarmen im Zwiegriff Hantel heben

Muskeleinsatz

Handbeugemuskeln
Handstreckmuskeln
Oberarmmuskeln

Hinweise

- Normalerweise ist die Handstreckmuskulatur schwächer als die Handbeugemuskulatur. Deshalb soll die Hantel nicht symmetrisch gehalten werden.
- Eine breite Griffassung ermöglicht eine kontrollierte Hantelführung.
- Wichtige Übung für alle Rückhandspiele (Tennis, Tischtennis, Squash, Badminton usw.).
- Vorsicht vor Überbelastungen (Sehnenscheidenentzündungen).

Belastung	Wiederholungszahl 1–5	6–15	16–25
100%			
75%			
50%			
25%			

Kraftart	Bew. Geschwind.	Trainingsmittel
Maximalkraft IK	explosiv	eig. Körpergew.
Maximalkraft MQ	schnell	Hanteln, Med.ball
		Maschine
Schnellkraft	zügig	Partner
Kraftausdauer	langsam	Gummizug

106 Handstrecken/Handbeugen gegen Partnerwiderstand =

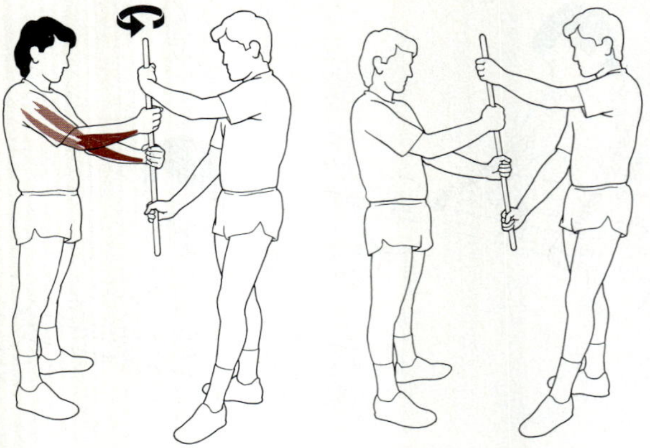

Ausführung

Im Zwiegriff Stab drehen

Muskeleinsatz

Handbeugemuskeln
Handstreckmuskeln
Oberarmmuskeln

Hinweise

- Der Partnerwiderstand soll nicht extrem sein.
- Die Übung kann auch mit horizontaler Stabhaltung ausgeführt werden.
- Wichtige Übung für alle Rückhandspiele (Tennis, Tischtennis, Squash, Badminton usw.).
- Vorsicht vor Überbelastungen (Sehnenscheidenentzündungen).

Belastung	Wiederholungszahl 1–5	6–15	16–25
100%–75%			
75%–50%			
50%–25%			

Kraftart	Bew. Geschwind.	Trainingsmittel
Maximalkraft IK	explosiv	eig. Körpergew.
		Hanteln, Med.ball
Maximalkraft MQ	schnell	Maschine
Schnellkraft	zügig	Partner
Kraftausdauer	langsam	Gummizug

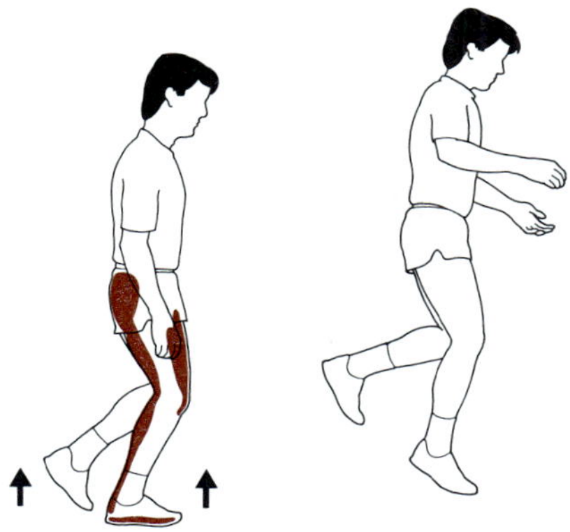

Ausführung

Einbeinige Strecksprünge

Muskeleinsatz

Fußmuskeln
Wadenmuskeln
vordere Oberschenkelmuskeln
hintere Oberschenkelmuskeln
Gesäßmuskeln
Stabilisierungsmuskeln
(Fuß, Knie, Hüfte, Rumpf)

Hinweise

- Barfußsprünge auf weicher Unterlage sind zur Kräftigung der gesamten Unterschenkel- und Fußmuskulatur (Verletzungsvorbeugung) geeigneter.
- Die Übung kann in verschiedensten Varianten durchgeführt werden (vorwärts, seitwärts, über Hindernisse, auf Treppen usw.).
- Die Sprünge sollen auf den Fußballen möglichst ohne Fersenkontakt ausgeführt werden.

	Wiederholungszahl		
	1–5	6–15	16–25
Belastung 100%			
75%			
50%			
25%			

Kraftart	Bew. Geschwind.	Trainingsmittel
Maximalkraft IK	explosiv	eig. Körpergew.
Maximalkraft MQ	schnell	Hanteln, Med.ball
		Maschine
Schnellkraft	zügig	Partner
Kraftausdauer	langsam	Gummizug

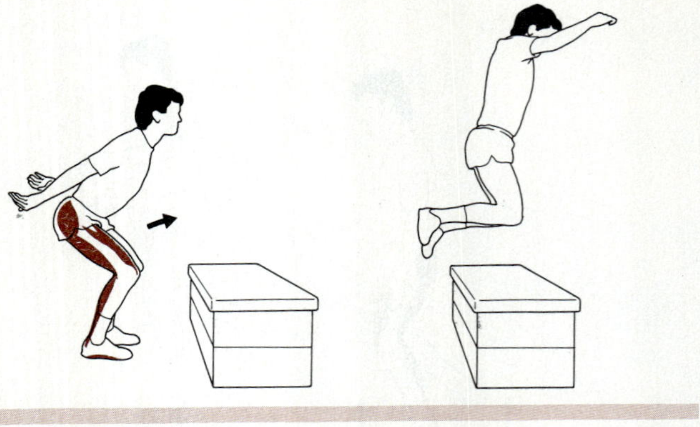

Ausführung

Beidbeinige Strecksprünge über Hindernisse

Muskeleinsatz

Fußmuskeln
Wadenmuskeln
vordere Oberschenkelmuskeln
hintere Oberschenkelmuskeln
Gesäßmuskeln
Stabilisierungsmuskeln
(Fuß, Knie, Hüfte, Rumpf)

Hinweise

- Barfuß ausgeführte Sprünge auf weicher Unterlage sind geeigneter zur Kräftigung der Unterschenkel- und Fußmuskulatur (Verletzungsvorbeugung).
- Es sind verschiedene Ausführungsvarianten sinnvoll (ohne Hindernisse, in die Weite, in die Höhe, auf einer Treppe, aus hoher Kniebeuge). Die Muskulatur wird dabei unterschiedlich belastet.
- Sprünge in die Höhe sind für alle Sportler, weite und schnelle Sprünge dagegen nur für Fortgeschrittene geeignet (größere Belastung der Lendenwirbelsäule).

Belastung	Wiederholungszahl 1–5	6–15	16–25
100%			
75%			
50%			
25%			

Kraftart	Bew. Geschwind.	Trainingsmittel
Maximalkraft IK	explosiv	eig. Körpergew.
Maximalkraft MQ	schnell	Hanteln, Med.ball
Schnellkraft	zügig	Maschine
Kraftausdauer	langsam	Partner
		Gummizug

Ausführung

Beidbeinige Kastensprünge

Muskeleinsatz

Fußmuskeln
Wadenmuskeln
vordere Oberschenkelmuskeln
hintere Oberschenkelmuskeln
Gesäßmuskeln
Stabilisierungsmuskeln
(Fuß, Knie, Hüfte, Rumpf)

Hinweise

- Die Tiefsprünge stellen eine hohe Belastung für den aktiven und vor allem für den passiven Bewegungsapparat dar. Sie sind deshalb nur für fortgeschrittene Sportler geeignet.
- Die Muskelaktivität ist größer als bei den meisten anderen Sprungvarianten, weil die vertikale Auftreffgeschwindigkeit eine intensivere Muskelreaktion verlangt (Dehnreflex).
- Die Kastenhöhe ist den individuellen Voraussetzungen anzupassen. Sie darf nur so hoch sein, daß noch mit kurzer Kontaktzeit abgesprungen werden kann (geringer Fersenkontakt).

Belastung	Wiederholungszahl 1–5	6–15	16–25
100%			
75%			
50%			
25%			

Kraftart	Bew. Geschwind.	Trainingsmittel
Maximalkraft IK	explosiv	eig. Körpergew.
Maximalkraft MQ	schnell	Hanteln, Med.ball
		Maschine
Schnellkraft	zügig	Partner
Kraftausdauer	langsam	Gummizug

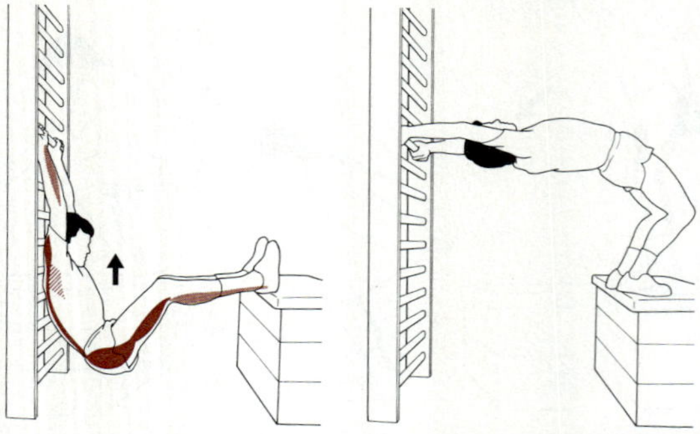

Ausführung

In Hanglage mit erhöhten Füßen Hüfte hochschieben

Muskeleinsatz

Sitzbein-Unterschenkel-Muskeln
Gesäßmuskeln
Rückenstrecker
hintere Schultermuskeln
zweiköpfiger Wadenmuskel
Unterarmmuskeln

Hinweise

- Sehr anspruchsvolle Übung für die Muskulatur der hinteren Körperhälfte, besonders für die Hüftstrecker.
- Die Griffhöhe ist so zu wählen, daß das Gesäß in der Ausgangsstellung den Boden leicht berührt.
- Die Übung ist eher für Fortgeschrittene gedacht. Sie kann durch Erhöhen des Kastens erschwert werden.
- Beim Hochschieben der Hüfte soll der Kopf nicht in den Nacken genommen werden.

Belastung	Wiederholungszahl 1–5	6–15	16–25
100%–75%			
75%–50%			
50%–25%			

Kraftart	Bew. Geschwind.	Trainingsmittel
Maximalkraft IK	explosiv	eig. Körpergew.
Maximalkraft MQ	schnell	Hanteln, Med.ball
		Maschine
Schnellkraft	zügig	Partner
Kraftausdauer	langsam	Gummizug

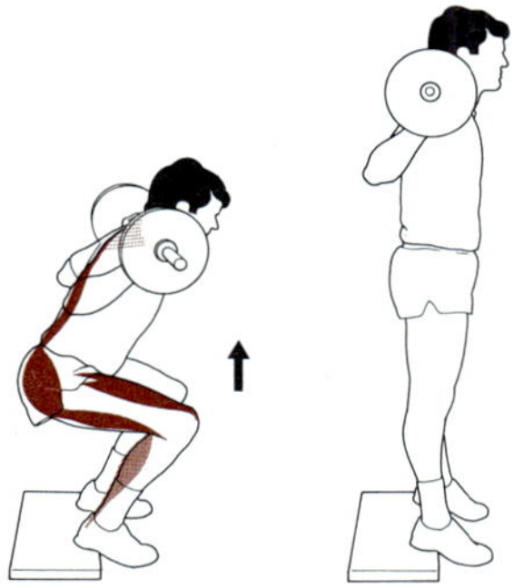

Ausführung

Tiefe Kniebeugen mit Hantel auf den Schultern

Muskeleinsatz

vordere Oberschenkelmuskeln
hintere Oberschenkelmuskeln
Gesäßmuskeln
Rückenstrecker
Wadenmuskeln
obere Rückenmuskeln
hintere Schultermuskeln

Hinweise

- Diese Übung ist nur für Fortgeschrittene geeignet.
- Bei aufrechtem Oberkörper werden eher die Kniestrecker, bei Oberkörpervorlage die Hüftstrecker trainiert.
- Die Ferse kann bei eingeschränkter Beweglichkeit des Fußgelenkes erhöht werden.
- Für viele Sportarten sind auch halbe und hohe Kniebeugen sinnvoll. Die Muskulatur wird dabei in anderen Winkelstellungen maximal belastet.

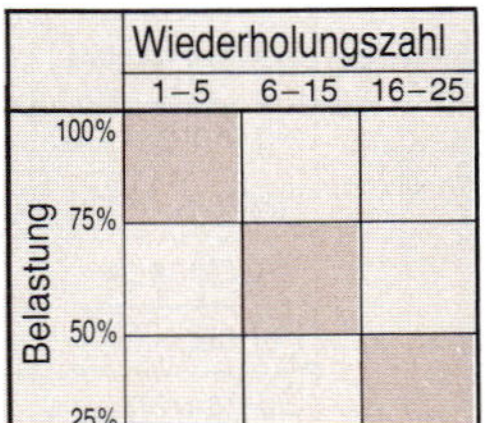

Kraftart	Bew. Geschwind.	Trainingsmittel
Maximalkraft IK	explosiv	eig. Körpergew.
Maximalkraft MQ	schnell	Hanteln, Med.ball
		Maschine
Schnellkraft	zügig	Partner
Kraftausdauer	langsam	Gummizug

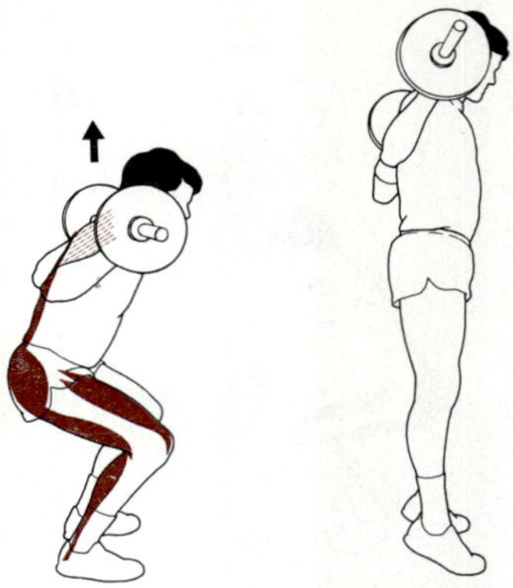

Ausführung

Beidbeinige Strecksprünge mit Hantel auf den Schultern

Muskeleinsatz

Wadenmuskeln
vordere Oberschenkelmuskeln
hintere Oberschenkelmuskeln
Gesäßmuskeln
Rückenstrecker
obere Rückenmuskeln
hintere Schultermuskeln

Hinweise

- Diese sehr intensive Übung eignet sich nur für Sportler mit gut entwickelter Rumpfmuskulatur.
- Die Beine sollen höchstens bis zu einem Kniewinkel von 90° gebeugt werden. In Kniewinkelstellung von 90–120° werden vor allem die Oberschenkelmuskeln extrem beansprucht, in höheren Kniewinkelstellungen die Wadenmuskeln.
- Die Belastung soll nur so hoch gewählt werden, daß die Fersen nicht extrem auf den Boden gedrückt werden.

Belastung	Wiederholungszahl 1–5	6–15	16–25
100%–75%			
75%–50%			
50%–25%			

Kraftart	Bew. Geschwind.	Trainingsmittel
Maximalkraft IK	explosiv	eig. Körpergew.
Maximalkraft MQ	schnell	Hanteln, Med.ball
Schnellkraft	zügig	Maschine
Kraftausdauer	langsam	Partner
		Gummizug

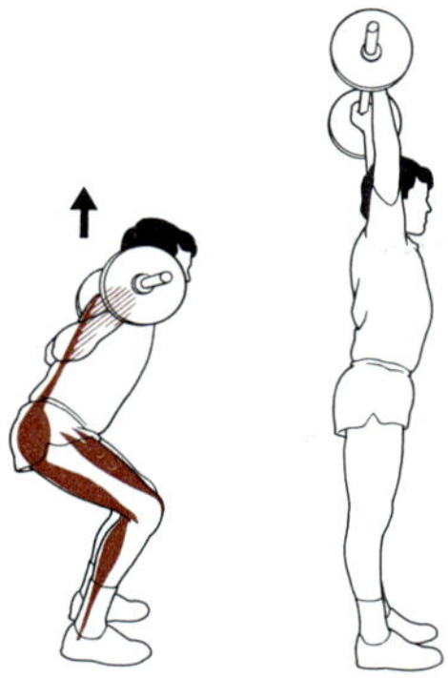

Ausführung

Nackenstoßen

Muskeleinsatz

Wadenmuskeln
vordere Oberschenkelmuskeln
hintere Oberschenkelmuskeln
Gesäßmuskeln
Rückenmuskeln
hintere und obere Schultermuskeln
hintere Oberarmmuskeln

Hinweise

- Koordinativ sehr anspruchsvolle Maximal- und Schnellkraftübung für Leistungssportler.
- Bevor mit hohen Belastungen trainiert werden darf, ist die Bewegung mit wenig Belastung korrekt zu erlernen.
- Die Streckbewegung soll zuerst mit den Beinen erfolgen.
- Die Hantel kann auch vor dem Körper hochgestoßen werden (größere Belastung der Arm- und der vorderen Oberschenkelmuskulatur).

	Wiederholungszahl		
Belastung	1–5	6–15	16–25
100%			
75%			
50%			
25%			

Kraftart	Bew. Geschwind.	Trainingsmittel
Maximalkraft IK	explosiv	eig. Körpergew.
		Hanteln, Med.ball
Maximalkraft MQ	schnell	Maschine
Schnellkraft	zügig	Partner
Kraftausdauer	langsam	Gummizug

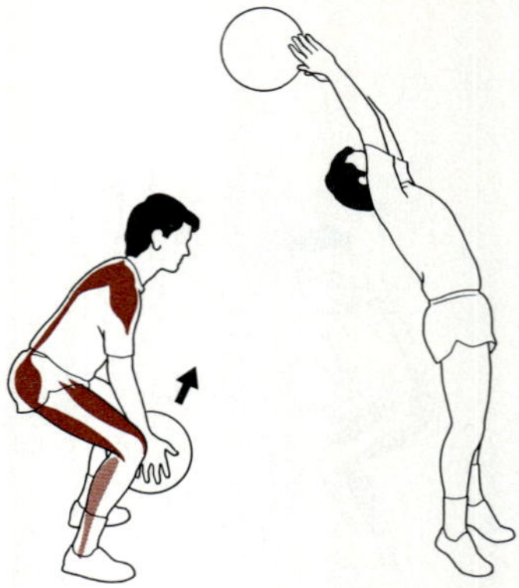

Ausführung

Medizinball über den Kopf rückwärts werfen

Muskeleinsatz

vordere Oberschenkelmuskeln
hintere Oberschenkelmuskeln
Gesäßmuskeln
Rückenstrecker
obere Rückenmuskeln
hintere Schultermuskeln
Wadenmuskeln

Hinweise

- Koordinativ sehr anspruchsvolle Schnellkraftübung für die Körperstreckmuskulatur. In der Bewegungsendstellung ist eine totale Körperstreckung anzustreben.
- Die Übung kann auch mit Kugeln von 4–7 kg ausgeführt werden (Kugelschocken).
- Der Medizinball kann aus der gleichen Ausgangsstellung auch vorwärts geworfen werden. Diese Übung ist wegen des kurzen Beschleunigungswegs eine sehr gute Schnellkrafttestübung.

Belastung	Wiederholungszahl 1–5	6–15	16–25
100%			
75%			
50%			
25%			

Kraftart	Bew. Geschwind.	Trainingsmittel
Maximalkraft IK	explosiv	eig. Körpergew.
Maximalkraft MQ	schnell	Hanteln, Med.ball
		Maschine
Schnellkraft	zügig	Partner
Kraftausdauer	langsam	Gummizug

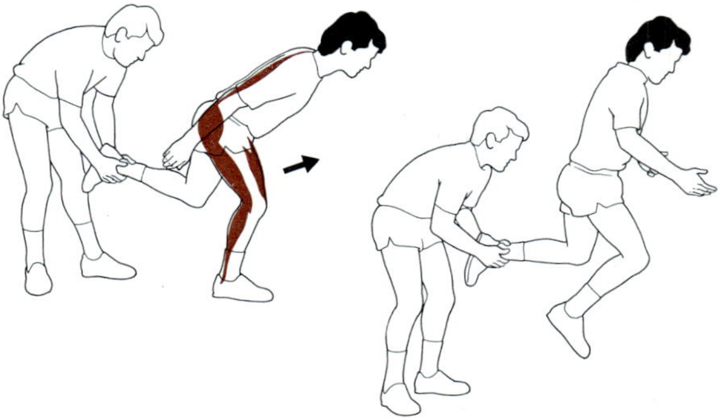

Ausführung

Einbeinige Strecksprünge vorwärts mit Oberkörpervorlage

Muskeleinsatz

Wadenmuskeln
vordere Oberschenkelmuskeln
hintere Oberschenkelmuskeln
Gesäßmuskeln
Rückenstrecker

Hinweise

- Diese intensive Schnellkraftübung kann aus verschiedenen Kniewinkelstellungen ausgeführt werden.
- Bei Sprüngen aus tiefer Kniewinkelstellung werden vor allem die vorderen Oberschenkelmuskeln und die Gesäßmuskeln beansprucht. Durch die antagonistische Hemmung der hinteren Oberschenkelmuskulatur erfolgt die Hüftstreckung hauptsächlich durch die Gesäßmuskeln (Muskelkater).
- Bei Sprüngen aus hoher Kniewinkelstellung ist die Aktivität der Waden- und hinteren Oberschenkelmuskulatur größer.

Belastung	Wiederholungszahl 1–5	6–15	16–25
100%			
75%			
50%			
25%			

Kraftart	Bew. Geschwind.	Trainingsmittel
Maximalkraft IK	explosiv	eig. Körpergew.
Maximalkraft MQ	schnell	Hanteln, Med.ball Maschine
Schnellkraft	zügig	Partner
Kraftausdauer	langsam	Gummizug

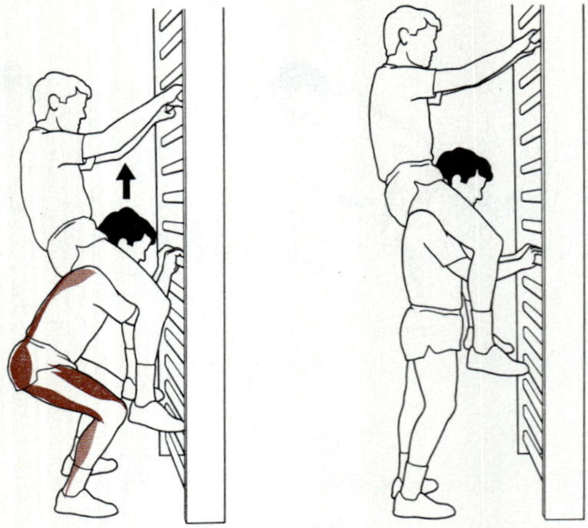

Ausführung

Kniebeugen mit Griff an der Sprossenwand

Muskeleinsatz

vordere Oberschenkelmuskeln
hintere Oberschenkelmuskeln
Gesäßmuskeln
Rückenstrecker
Wadenmuskeln
obere Rückenmuskeln

Hinweise

- Der Muskeleinsatz kann durch den Fußabstand zur Sprossenwand und die Oberkörperhaltung gesteuert werden.
- Die Griffassung an der Sprossenwand ermöglicht eine gut geführte Bewegung und evtl. eine Bewegungshilfe (Armzug).
- Der Partner hat die Möglichkeit, durch eine unterschiedliche Griffassung den Widerstand zu vergrößern oder zu verkleinern.

Belastung	Wiederholungszahl 1–5	6–15	16–25
100% – 75%			
75% – 50%			
50% – 25%			

Kraftart	Bew. Geschwind.	Trainingsmittel
Maximalkraft IK	explosiv	eig. Körpergew.
Maximalkraft MQ	schnell	Hanteln, Med.ball
Schnellkraft	zügig	Maschine
Kraftausdauer	langsam	Partner
		Gummizug

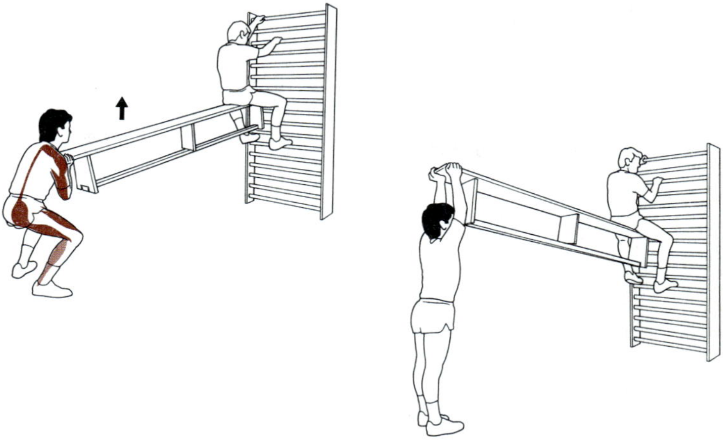

Ausführung

Aus tiefer Kniebeuge Langbank hochstoßen

Muskeleinsatz

vordere Oberschenkelmuskeln
hintere Oberschenkelmuskeln
Gesäßmuskeln
Rückenstrecker
obere Schultermuskeln
dreiköpfiger Oberarmmuskel
Wadenmuskeln

Hinweise

- Geführte Gesamtkörperstreckbewegung als Ersatz für das Hanteltraining.
- Die Belastung kann durch eine sprossenwandnähere oder weitere Sitzposition des Partners reguliert werden.
- Die Streckbewegung erfolgt phasenverschoben (zuerst Bein-, dann Armarbeit).

Belastung	Wiederholungszahl 1–5	6–15	16–25
100% – 75%			
75% – 50%			
50% – 25%			

Kraftart	Bew. Geschwind.	Trainingsmittel
Maximalkraft IK	explosiv	eig. Körpergew.
Maximalkraft MQ	schnell	Hanteln, Med.ball
		Maschine
Schnellkraft	zügig	Partner
Kraftausdauer	langsam	Gummizug

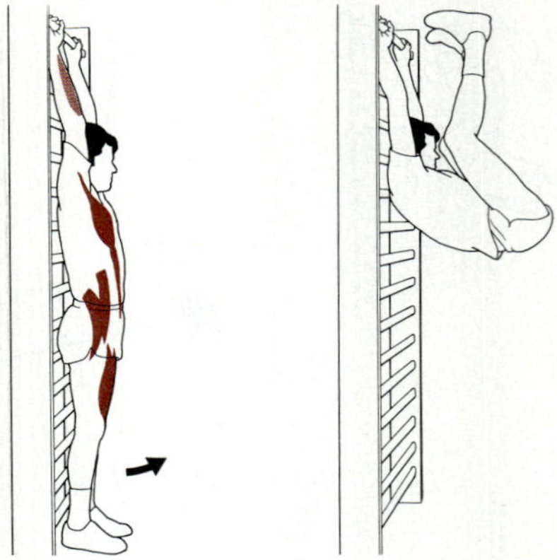

Ausführung

Aus Hanglage einrollen

Muskeleinsatz

gerader Oberschenkelmuskel
Hüft-Lenden-Muskel
gerader Bauchmuskel
großer Brustmuskel
Unterarmmuskeln

Hinweise

- Anspruchsvolle Übung für die ganze Körpervorderseite.
- Die Muskelbelastung ist bei horizontaler Beinhaltung am größten. Falls möglich, soll der ganze Bewegungsumfang ausgenützt werden.
- Die Belastung kann durch Zusatzgewichte an den Beinen erhöht werden (Medizinball, Gewichtsmanschetten, -schuhe).
- Beim Einrollen können die Füße auch schräg aufwärts hochgeführt werden. Dadurch wird zusätzlich die schräge Bauchmuskulatur trainiert.

Belastung	Wiederholungszahl 1–5	6–15	16–25
100%			
75%			
50%			
25%			

Kraftart	Bew. Geschwind.	Trainingsmittel
Maximalkraft IK	explosiv	eig. Körpergew.
Maximalkraft MQ	schnell	Hanteln, Med.ball
		Maschine
Schnellkraft	zügig	Partner
Kraftausdauer	langsam	Gummizug

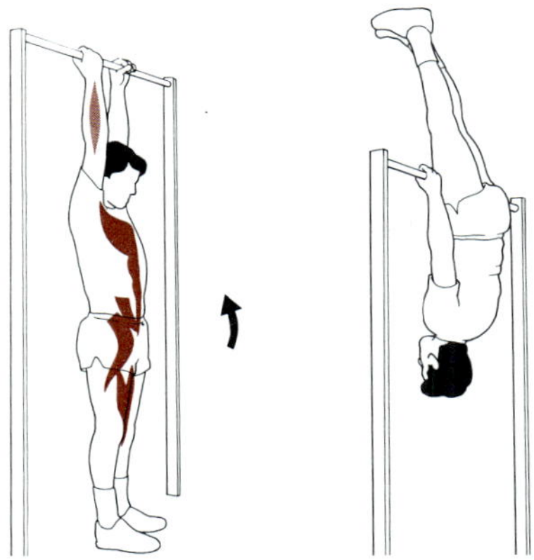

Ausführung

Aus Hanglage einrollen zum Sturzhang

Muskeleinsatz

gerader Oberschenkelmuskel
Hüft-Lenden-Muskel
gerader Bauchmuskel
großer Brustmuskel
Unterarmmuskeln

Hinweise

- Die Einrollbewegung kann aus dem Hang oder mit Anschwingen ausgeführt werden. Die Hüftbeuger und die Bauchmuskeln werden vor allem in der ersten Häfte der Bewegung belastet. Die Brustmuskulatur wird über den ganzen Bewegungsumfang extrem beansprucht.
- Das Einrollen kann auch an den Ringen oder an den Kletterstangen ausgeführt werden.
- Die Belastung kann durch Zusatzgewichte an den Beinen erhöht werden (Medizinball, Gewichtsmanschetten, -schuhe).

	Wiederholungszahl		
	1–5	6–15	16–25
Belastung 100%			
75%			
50%			
25%			

Kraftart	Bew. Geschwind.	Trainingsmittel
Maximalkraft IK	explosiv	eig. Körpergew.
Maximalkraft MQ	schnell	Hanteln, Med.ball
		Maschine
Schnellkraft	zügig	Partner
Kraftausdauer	langsam	Gummizug

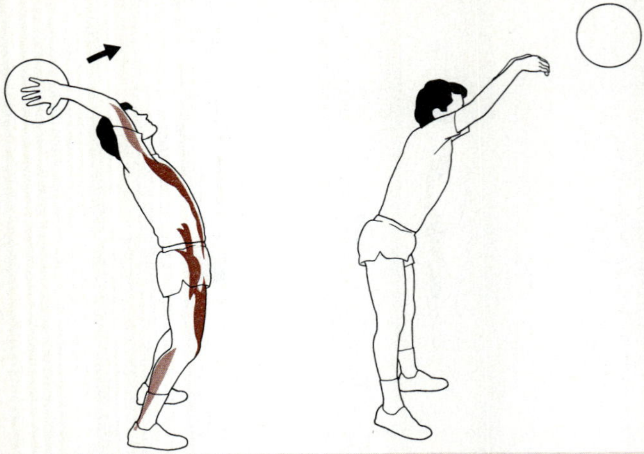

Ausführung

Medizinball beidarmig vorwärts über den Kopf werfen

Muskeleinsatz

vordere Oberschenkelmuskeln
Hüft-Lenden-Muskel
gerader Bauchmuskel
großer Brustmuskel
Wadenmuskeln
dreiköpfiger Oberarmmuskel

Hinweise

- Koordinativ sehr anspruchsvolle Übung für die Muskulatur der Körpervorderseite. Der Muskeleinsatz ist phasenverschoben (Beine, Rumpf, Arme).
- Die Muskulatur wird bei Bewegungsbeginn am meisten belastet.
- Die Übung kann auf verschiedene Arten ausgeführt werden (Schrittstellung, Anlauf, Ausdrehen des Oberkörpers). Dementsprechend kann sich auch der Muskeleinsatz verändern.

Belastung	Wiederholungszahl 1–5	6–15	16–25
100%			
75%			
50%			
25%			

Kraftart	Bew. Geschwind.	Trainingsmittel
Maximalkraft IK	explosiv	eig. Körpergew.
Maximalkraft MQ	schnell	Hanteln, Med.ball
		Maschine
Schnellkraft	zügig	Partner
Kraftausdauer	langsam	Gummizug

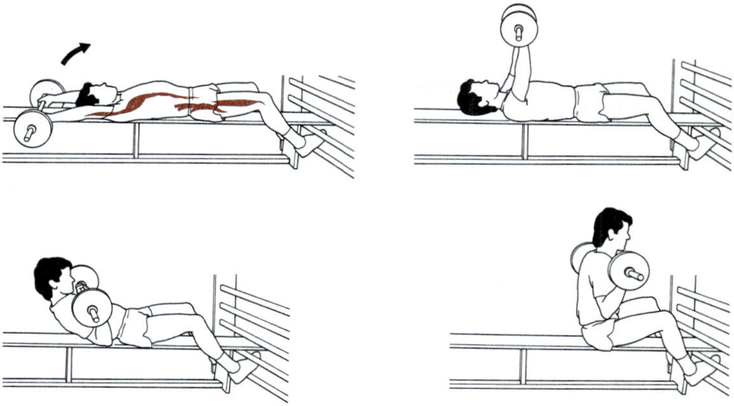

Ausführung

Aus Rückenlage Pulloverbewegung mit Aufsitzen

Muskeleinsatz

gerader Oberschenkelmuskel
Hüft-Lenden-Muskel
gerader Bauchmuskel
großer Brustmuskel
dreiköpfiger Oberarmmuskel

Hinweise

- Anspruchsvolle Übung nur für fortgeschrittene Sportler.
- Die Übung kann auch mit Kugelhanteln oder mit dem Medizinball durchgeführt werden.
- Bei frühem Beginn der Hüftbeugung werden die Hüftbeuger und die Bauchmuskeln extrem belastet.

Belastung	Wiederholungszahl 1–5	6–15	16–25
100%			
75%			
50%			
25%			

Kraftart	Bew. Geschwind.	Trainingsmittel
Maximalkraft IK	explosiv	eig. Körpergew.
Maximalkraft MQ	schnell	Hanteln, Med.ball
Schnellkraft	zügig	Maschine
Kraftausdauer	langsam	Partner
		Gummizug

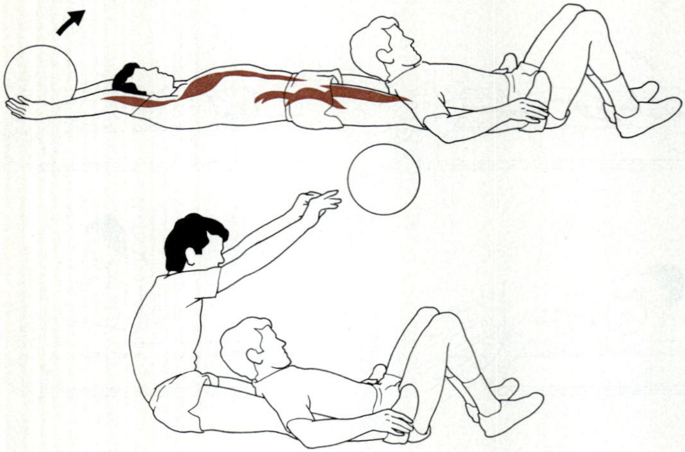

Ausführung

Aus Rückenlage aufsitzen und Medizinball vorwärts werfen

Muskeleinsatz

gerader Oberschenkelmuskel
Hüft-Lenden-Muskel
gerader Bauchmuskel
großer Brustmuskel
dreiköpfiger Oberarmmuskel

Hinweise

- Die Bewegung soll mit den Hüftbeugern und den Bauchmuskeln begonnen werden. Die Armbewegung erfolgt erst in der Endphase der Bewegung.
- Bei richtiger Bewegungsausführung werden die Hüftbeugemuskeln am stärksten belastet.
- Wenig trainierte Sportler können die Übung auch mit Spielbällen ausführen.

Belastung	Wiederholungszahl 1–5	6–15	16–25
100%			
75%			
50%			
25%			

Kraftart	Bew. Geschwind.	Trainingsmittel
Maximalkraft IK	explosiv	eig. Körpergew.
Maximalkraft MQ	schnell	Hanteln, Med.ball
Schnellkraft	zügig	Maschine
		Partner
Kraftausdauer	langsam	Gummizug

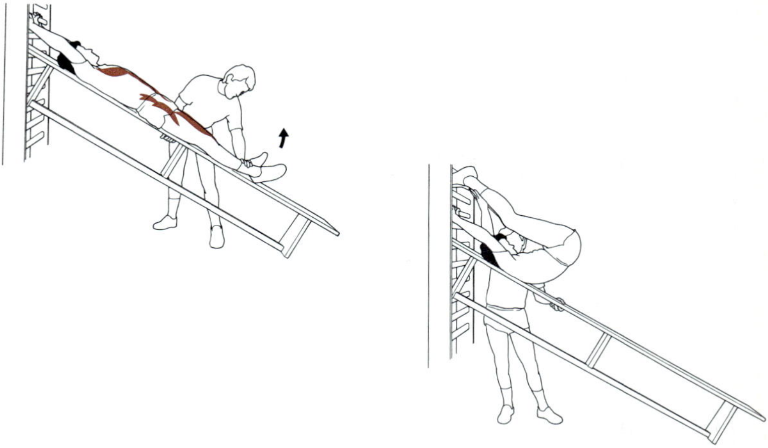

Ausführung

Aus Schräglage Beine heben

Muskeleinsatz

gerader Oberschenkelmuskel
Hüft-Lenden-Muskel
gerader Bauchmuskel
großer Brustmuskel

Hinweise

- Der Partnerwiderstand kann über den ganzen Bewegungsumfang optimal angepaßt werden.
- In der ersten Bewegungshälfte werden vor allem die Hüftbeuger und die Bauchmuskeln, in der zweiten zusätzlich die Brustmuskeln vermehrt belastet.
- Der Bewegungsumfang kann je nach Zielsetzung variiert werden.
- Die Übung ist auch als Negativtraining sehr geeignet.

Belastung	Wiederholungszahl 1–5	6–15	16–25
100%			
75%			
50%			
25%			

Kraftart	Bew. Geschwind.	Trainingsmittel
Maximalkraft IK	explosiv	eig. Körpergew.
Maximalkraft MQ	schnell	Hanteln, Med.ball
Schnellkraft	zügig	Maschine
Kraftausdauer	langsam	Partner
		Gummizug

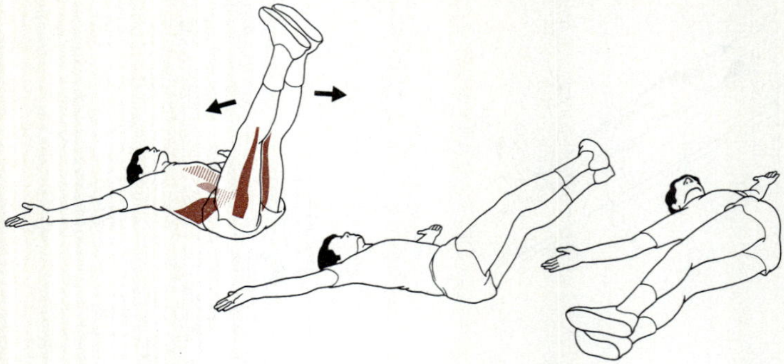

Ausführung

Scheibenwischerbewegung der Beine in Rückenlage

Muskeleinsatz

Schenkelanzieher
Schenkelbindenspanner
äußerer schräger Bauchmuskel
Rückenmuskeln
hintere Schultermuskeln
gerader Bauchmuskel
Hüft-Lenden-Muskel

Hinweise

- Ohne Oberkörperfixierung ist zur Bewegungsausführung der Einsatz der Rücken- und hinteren Schultermuskulatur erforderlich.
- Eine Gegenrotation mit dem Kopf ist sinnvoll.
- Die größte Belastung liegt im Bereich der Bewegungsumkehr. Nach Möglichkeit sollen die Beine den Boden nicht berühren.

Belastung	Wiederholungszahl 1–5	6–15	16–25
100%			
75%			
50%			
25%			

Kraftart	Bew. Geschwind.	Trainingsmittel
Maximalkraft IK	explosiv	eig. Körpergew.
Maximalkraft MQ	schnell	Hanteln, Med.ball
		Maschine
Schnellkraft	zügig	Partner
Kraftausdauer	langsam	Gummizug

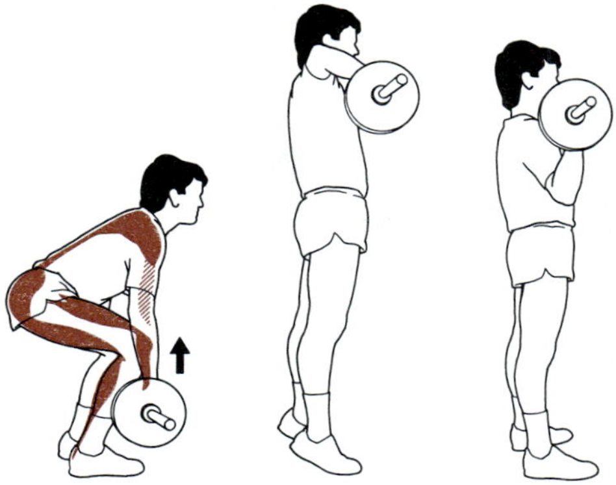

Ausführung

Umsetzen

Muskeleinsatz

Wadenmuskeln
vordere Oberschenkelmuskeln
hintere Oberschenkelmuskeln
Gesäßmuskeln, Rückenmuskeln
hintere und obere Schultermuskeln
vordere Oberarmmuskeln
Unterarmmuskeln

Hinweise

- Koordinativ sehr anspruchsvolle Maximalkraftübung für Leistungssportler.
- Bevor ein eigentliches Maximalkrafttraining durchgeführt werden kann, ist die Bewegung mit geringer Belastung korrekt zu erlernen.
- Es wird hauptsächlich die Muskulatur der hinteren Körperhälfte trainiert, am intensivsten in der Anfangsphase der Bewegung.
- Die Trainingswirkung ist größer, wenn die Hantel nicht jedesmal abgestellt wird.

Belastung	Wiederholungszahl 1–5	6–15	16–25
100%			
75%			
50%			
25%			

Kraftart	Bew. Geschwind.	Trainingsmittel
Maximalkraft IK	explosiv	eig. Körpergew.
Maximalkraft MQ	schnell	Hanteln, Med.ball
		Maschine
Schnellkraft	zügig	Partner
Kraftausdauer	langsam	Gummizug

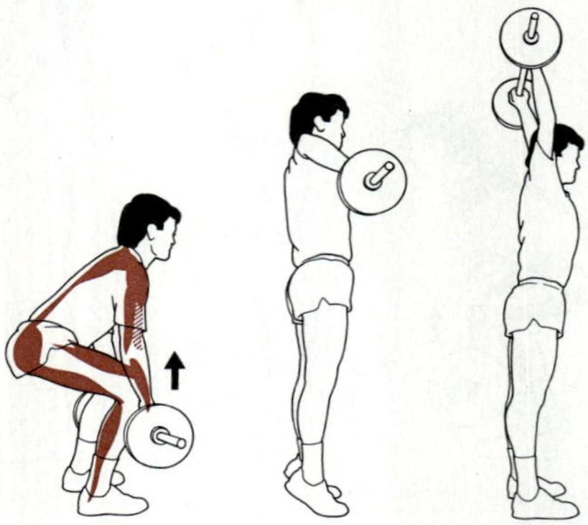

<u>Ausführung</u>

Reißen

<u>Muskeleinsatz</u>

Wadenmuskeln
vordere Oberschenkelmuskeln
hintere Oberschenkelmuskeln
Gesäßmuskeln, Rückenmuskeln
hintere und obere Schultermuskeln
vordere Oberarmmuskeln
hintere Oberarmmuskeln
Unterarmmuskeln

<u>Hinweise</u>

- Koordinativ sehr anspruchsvolle Maximal- und Schnellkraftübung für Leistungssportler.
- Bevor mit hohen Belastungen trainiert werden darf, ist die Bewegung mit wenig Belastung korrekt zu erlernen.
- Die Trainingswirkung ist größer, wenn die Hantel nicht jedesmal abgestellt wird.

	Wiederholungszahl		
	1–5	6–15	16–25
Belastung 100%			
75%			
50%			
25%			

Kraftart	Bew. Geschwind.	Trainingsmittel
Maximalkraft IK	explosiv	eig. Körpergew.
Maximalkraft MQ	schnell	Hanteln, Med.ball
Schnellkraft	zügig	Maschine
		Partner
Kraftausdauer	langsam	Gummizug

Ausführung

Körper strecken und drehen mit gegrätschten Beinen

Muskeleinsatz

vordere Oberschenkelmuskeln
hintere Oberschenkelmuskeln
Gesäßmuskeln
Rückenmuskeln
schräge Bauchmuskeln
vordere Schultermuskeln
hintere Schultermuskeln

Hinweise

- Koordinativ sehr anspruchsvolle Übung vor allem für die Rotationsmuskeln des Körpers.
- Bevor mit hohen Belastungen trainiert werden darf, ist die Bewegung mit wenig Belastung korrekt zu erlernen.
- Die größte Belastung ist in der Anfangsphase der Bewegung (Bewegungsumkehr).
- Die Rotationsbewegung muß mit den Beinen eingeleitet werden.

Belastung	Wiederholungszahl 1–5	6–15	16–25
100% – 75%			
75% – 50%			
50% – 25%			

Kraftart	Bew. Geschwind.	Trainingsmittel
Maximalkraft IK	explosiv	eig. Körpergew.
Maximalkraft MQ	schnell	Hanteln, Med.ball
		Maschine
Schnellkraft	zügig	Partner
Kraftausdauer	langsam	Gummizug

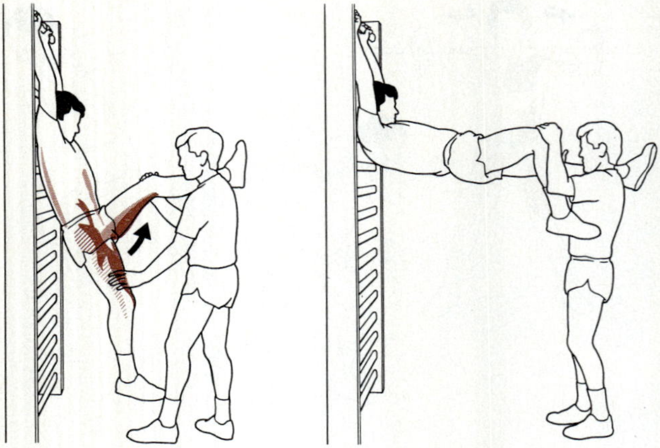

Ausführung

Einbeinig Knie und Hüfte hochschieben an der Sprossenwand

Muskeleinsatz

gerader Oberschenkelmuskel
Hüft-Lenden-Muskel
Sitzbein-Unterschenkel-Muskeln
Gesäßmuskeln
Schenkelanzieher
Rückenstrecker
gerader Bauchmuskel

Hinweise

- Sehr gute kombinierte Übung für die Hüftbeuge- und -streckmuskulatur.
- Der Partner hat die Möglichkeit, die Bewegung zu steuern und den Widerstand optimal anzupassen.
- Diese Trainingsform ist eine spezielle Kraft- und Koordinationsübung für Läufer.

Belastung	Wiederholungszahl 1–5	6–15	16–25
100%			
75%			
50%			
25%			

Kraftart	Bew. Geschwind.	Trainingsmittel
Maximalkraft IK	explosiv	eig. Körpergew.
Maximalkraft MQ	schnell	Hanteln, Med.ball
Schnellkraft	zügig	Maschine
Kraftausdauer	langsam	Partner
		Gummizug

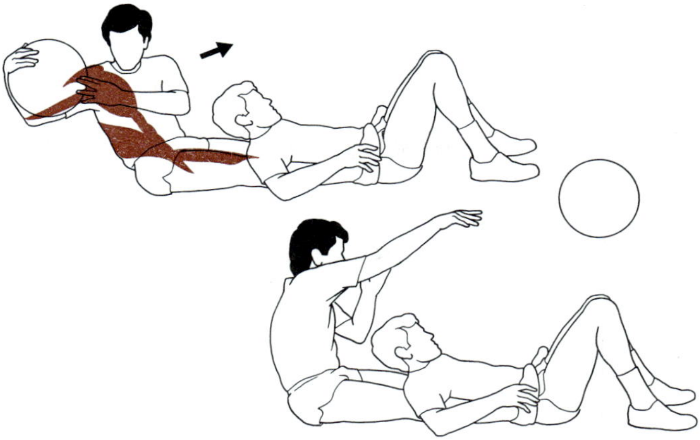

Ausführung

Mit Medizinball
Drehwurfbewegung im Sitz

Muskeleinsatz

gerader Oberschenkelmuskel
Hüft-Lenden-Muskel
gerader und schräger Bauchmuskel
großer Brustmuskel
Deltamuskel
zweiköpfiger Oberarmmuskel

Hinweise

- Anspruchsvolle Schnellkraftübung für die Muskulatur der vorderen Körperhälfte.
- Die Belastung der Hüftbeugemuskeln wird durch eine größere Oberkörperrücklage in der Ausgangsstellung erhöht.
- Der Bewegungsweg in der Rotation soll möglichst lang sein.

	Wiederholungszahl		
	1–5	6–15	16–25
Belastung 100%			
75%			
50%			
25%			

Kraftart	Bew. Geschwind.	Trainingsmittel
Maximalkraft IK	explosiv	eig. Körpergew.
Maximalkraft MQ	schnell	Hanteln, Med.ball
Schnellkraft	zügig	Maschine
Kraftausdauer	langsam	Partner
		Gummizug

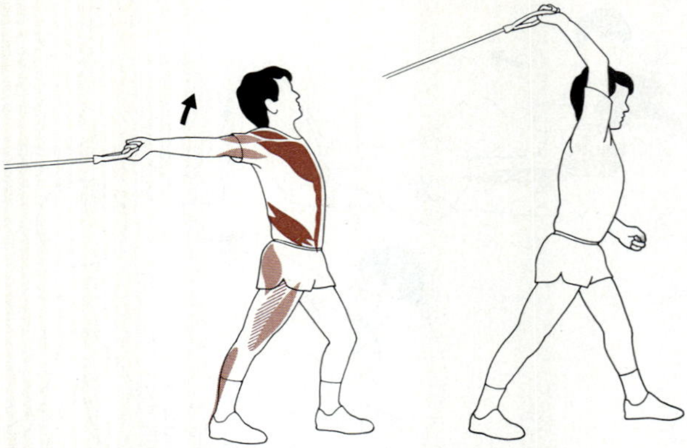

Ausführung

Schlagwurfbewegung

Muskeleinsatz

Deltamuskel, großer Brustmuskel
gerader und schräger Bauchmuskel
Schenkelanzieher
vordere Oberarmmuskeln
hintere Oberarmmuskeln
großer Gesäßmuskel
vordere Oberschenkelmuskeln
zweiköpfiger Wadenmuskel
Schollenmuskel

Hinweise

- Wichtige Trainingsübung für Sportarten mit Schlagwurfbewegungen (z. B. Speerwurf, Tennis, Volleyball).
- Die richtige Bewegungsausführung erfordert ein großes Maß an Beweglichkeit, vor allem im Schultergürtel.
- Um muskuläre Ungleichgewichte zu vermeiden, ist die Übung beidseitig auszuführen.

Belastung	Wiederholungszahl 1–5	6–15	16–25
100%			
75%			
50%			
25%			

Kraftart	Bew. Geschwind.	Trainingsmittel
Maximalkraft IK	explosiv	eig. Körpergew.
Maximalkraft MQ	schnell	Hanteln, Med.ball
Schnellkraft	zügig	Maschine
		Partner
Kraftausdauer	langsam	Gummizug

5 Grundlagen

Der menschliche Bewegungsapparat kann unterteilt werden in:
- passiver Bewegungsapparat,
- aktiver Bewegungsapparat.

Zum *passiven* Bewegungsapparat gehören Knochen, Knorpel, Sehnen und Bänder, während die Skelettmuskulatur den *aktiven* Bewegungsapparat darstellt.

Passiver Bewegungsapparat

Die *Knochen* haben vier Funktionen:
- *Stützfunktion:* Die Haltung und Stabilität des Körpers wird gewährleistet.
- *Hebelfunktion:* Die Knochen dienen als Ansatzstellen zur Übertragung von Muskelkräften. Durch die Hebelfunktion resultieren Rotationsbewegungen in den Gelenken.
- *Dämpfungsfunktion:* Durch die Anordnung der Knochen können hohe Belastungen gedämpft werden (z. B. Fußgelenk, Wirbelsäule).
- *Schutzfunktion:* Empfindliche Organe wie z. B. Gehirn, innere Organe werden geschützt.

Die Knochen sind durch echte oder unechte Gelenke miteinander verbunden. Die Bezeichnung echte Gelenke wird dann verwendet, wenn zwei Knochen in einer beweglichen Verbindung zueinander stehen und an den Enden mit einer Knorpelschicht überzogen sind (z. B. Kniegelenk, Hüftgelenk). Als unechte Gelenke werden Knochenverbindungen bezeichnet, deren Beweglichkeit durch Bänder, Knorpel oder Knochenhaft fast vollständig eingeschränkt ist (z. B. Handwurzel, Brustbein, Kreuzbein).
Bei den echten Gelenken sind die Knochenenden durch eine *Knorpelschicht* überzogen und typisch geformt (Gelenkkopf, Gelenkpfanne). Die Knorpelschicht hat einerseits eine Dämpfungsfunktion, andererseits ermöglicht sie eine reibungsarme Bewegung.
Jedes Gelenk wird durch eine Gelenkkapsel nach außen abgeschlossen. Sie dient zur Stabilisierung des Gelenks und sondert die Gelenkflüssigkeit ab. Diese setzt den Reibungswiderstand zwischen den Gelenkflächen herab und stellt die Ernährung des Knorpels sicher.

Die echten Gelenke können je nach den Bewegungsmöglichkeiten in drei Typen unterteilt werden:
- *Einachsige Gelenke:* Es sind nur Bewegungen in einer Ebene wie Beugen und Strecken möglich (z. B. Ellbogengelenk).

- *Zweiachsige Gelenke:* Es sind Bewegungen in zwei Ebenen wie Beugen, Strecken, Abspreizen und Zuschließen möglich (z. B. Daumengelenk).
- *Dreiachsige Gelenke:* Zusätzlich zu den zweidimensionalen Bewegungen sind auch Rotationen möglich (z. B. Hüft-, Schultergelenk).

Das Ausmaß der Gelenkbeweglichkeit wird durch den Knochenbau, die Gelenkkapsel, den Bandapparat und die Muskulatur bestimmt.

Die *Bänder* bestehen aus Bindegewebe und haben die Funktion, die Gelenke passiv zu stabilisieren. Kräftige und straffe Bänder wirken demnach bewegungssteuernd und helfen mit, Fehlbelastungen der Gelenke zu vermeiden. Die Bänder werden normalerweise nur wenig belastet und sind deshalb auch nur bedingt trainierbar. Sie können daher bei extremen Belastungen überdehnt werden oder reißen (z. B. Bänderzerrung am Fuß).

Die *Sehnen* sind die Verbindung zwischen den Muskeln und den Knochen. Sie übertragen die von den Muskeln geleisteten Kräfte auf die Knochen. Die Zugfestigkeit der Sehnen selber und deren Ansatzstellen an der Muskulatur und an den Knochen muß außerordentlich groß sein.
Die Sehnen sind nicht nur sehr hohen Zug-, sondern oft auch hohen Reibungskräften ausgesetzt. Diese Kräfte können durch Sesambeine, Schleimbeutel oder Sehnenscheiden reduziert werden. Sesambeine wie die Kniescheibe sind in die Sehne eingebaute Schaltknochen und dienen als „Umlenkrollen". Schleimbeutel sind dort vorhanden, wo die Sehnen über Knochenvorsprünge gleiten. Sehnenscheiden, die durch die Absonderung einer Flüssigkeit die Reibung reduzieren, sind dort zu finden, wo die Sehnen über eine größere Distanz über Knochen laufen (z. B. Handgelenk). Durch zu große, falsche und vor allem zu häufige Beanspruchung dieser Sehnenschutzvorrichtungen können leicht Entzündungen entstehen.

Die *Belastbarkeit* des passiven Bewegungsapparates ist abhängig vom Alter und von den auf den Bewegungsapparat einwirkenden Kräften. Die durchschnittliche Belastbarkeit der einzelnen Teile des passiven Bewegungsapparates kann bei Normalpersonen folgendermaßen angegeben werden (Yamada 1973):

Knochen	1500 kp/cm^2	Druck
	500 kp/cm^2	Torsion
Knorpel	100 kp/cm^2	Druck
Bänder	30 kp/cm^2	Zug
Sehnen	500 kp/cm^2	Zug

Diese Belastbarkeit kann durch spezifisches Training erheblich gesteigert werden. Die erhöhte Belastbarkeit erfolgt nach dem Prinzip der Anpassung an äußere Reize, indem in den entsprechenden Geweben neue und belastungsfähigere Zellstrukturen eingebaut werden. Die Trainingsbelastungen dürfen aber nur allmählich gesteigert werden, weil die Erhöhung der Belastbarkeit des passiven Bewegungsapparates sehr langsam vor sich geht. Allzu große Trainingssteigerungen wirken sich nicht selten kontraproduktiv aus, indem dadurch gelegentlich Überlastungen wie Ermüdungsbrüche oder Sehnenrisse entstehen können. Das Postulat aus der Trainingslehre, Trainingsumfang und -intensität über einen langen Zeitraum zu steigern, basiert vor allem auf den Erkenntnissen der Belastbarkeitssteigerung des passiven Bewegungsapparates. Die Widerstandsfähigkeit von Knochen, Knorpeln, Sehnen und Bändern ist je nach Sportart und Trainingsgestaltung extrem unterschiedlich. Athleten, die keinen hohen äußeren Kraftbelastungen ausgesetzt sind (z. B. Schwimmer, Radfahrer, Ruderer usw.), haben und benötigen einen weniger strapazierfähigen Bewegungsapparat als Sportler wie Dreispringer, Kunstturner oder Zehnkämpfer mit extrem hohen äußeren Belastungsspitzen. Es wäre gelegentlich sinnvoll, die individuell am besten geeignete Sportart nach Belastbarkeitskriterien auszuwählen. Innerhalb des passiven Bewegungsapparates ist die Belastbarkeitssteigerung der Bänder am geringsten, weil diese nur wenig an der aktiven Bewegung beteiligt sind und weil die Gelenkstabilisierung im Verlaufe einer sportlichen Laufbahn immer mehr durch die Muskulatur übernommen wird.

Aktiver Bewegungsapparat

Die Skelettmuskulatur stellt den aktiven Teil des Bewegungsapparates dar. Die einzelnen Muskeln können nach folgenden Kriterien unterteilt werden:

- *Anzahl Ursprungstellen:* Der Muskel hat immer eine Ansatz-, aber gelegentlich mehr als eine Ursprungstelle, z. B. vierköpfiger Oberschenkelmuskel.
- *Anzahl übersprungene Gelenke:* Der Muskel kann über ein, zwei oder mehrere Gelenke führen. Man unterteilt demnach in ein-, zwei- oder mehrgelenkige Muskeln.
- *Art der Faseranordnung:* Muskeln können parallelfaserig, einfach- oder doppeltgefiedert sein.

Muskelaufbau und -eigenschaften

Die Muskulatur besteht aus den in der Abb. 5 dargestellten Teilelementen.

Der *Muskel* setzt sich aus einer unterschiedlich großen Zahl von gleichgerichteten, durch Bindegewebe zu Faserbündeln zusammengefaßten Muskelfasern zusammen. Er ist von einer bindegewebeartigen Haut überzogen. Neben den Muskelfasern sind im Muskel

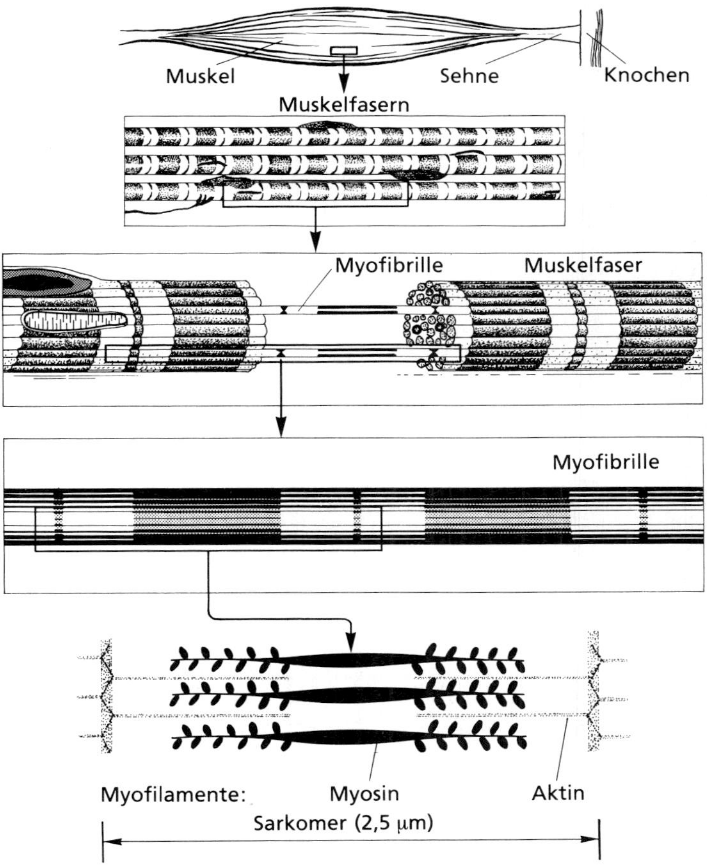

Abb. 5 Aufbau des Muskels

auch Blutgefäße und Nerven enthalten. Jeder Muskel erstreckt sich über ein oder mehrere Gelenke und ist über Sehnen mit dem Knochen verbunden. Die Befestigungsstelle, die näher beim Körperzentrum liegt, wird als Ursprung bezeichnet, diejenige gegen die Extremitäten hin als Ansatz. So liegen die beiden Ursprünge des Zwillingswadenmuskels oberhalb des Kniegelenkes am Oberschenkelknochen, der Ansatz am Fersenbein (Achillessehne).

Die *Muskelfasern* haben einen Durchmesser von 40–150 µm und eine Länge von 0,05–32 cm. Sie setzen sich aus zahlreichen Myofibrillen und dem Sarkoplasma zusammen. In dieser eiweißhaltigen und enzymreichen Zellflüssigkeit spielen sich die anaeroben Stoffwechselprozesse ab. Die aerobe Energiegewinnung ist innerhalb der Muskelfasern an die Mitochondrien gebunden.

Die *Myofibrillen* setzen sich zusammen aus zahlreichen hintereinander angeordneten Sarkomeren. Diese bestehen aus Myofilamenten, die durch ihre Eigenschaften den Kontraktionsmechanismus des Muskels ermöglichen. Bei den Myofilamenten wird das dünne Aktin vom dickeren Myosin unterschieden.

Die Muskelkontraktion erfolgt dadurch, daß die Aktinfilamente unter Energieverbrauch zwischen die Myosinfilamente hineingezogen werden. Dies führt zu einer Verkürzung des Sarkomers (Abb. 6).

Das *Sarkomer* ist die kleinste funktionelle Einheit des Muskels. Da sich immer eine große Anzahl solcher hintereinander geschalteter Einheiten gleichzeitig kontrahiert, summieren sich die kleinen Bewegungsausschläge zu einer größeren Bewegung.

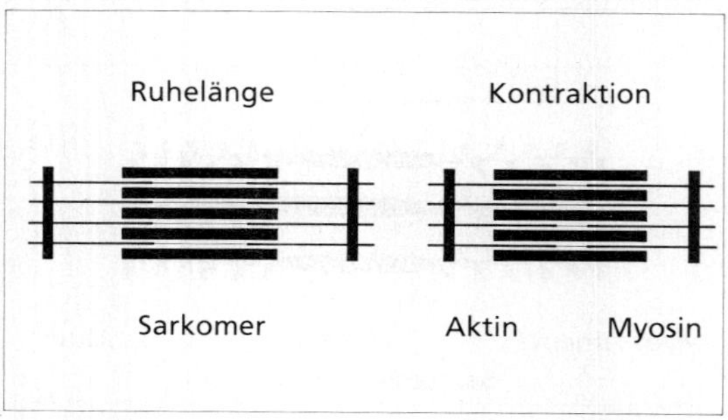

Abb. 6 Kontraktionsmechanismus

Der *Kontraktionsvorgang* läuft vereinfacht folgendermaßen ab: Ein elektrischer Impuls wird vom Motoneuron (Nervenzelle) im Rükkenmark über die Nervenbahn an die motorische Endplatte der Muskelfaser geleitet und löst die Freisetzung von Azetylcholin aus. Durch die dadurch ausgelöste Depolarisierung der Muskelzellmembran werden Kalium- und Natriumionen verlagert, was zu einer Freisetzung von Kalziumionen führt. Dadurch wird in der Muskelfaser durch die ATP-Spaltung (Adenosintriphosphat) Energie freigesetzt, die die Verschiebung der Aktin- und Myosinfilamente ermöglicht und somit zu einer Muskelkontraktion führt.
Nach dem unterschiedlichen Gehalt an Enzymen für die Energiebereitstellung (z. B. Myosin-ATPase), dem Aufbau der Myosinfilamente und der Art der nervösen Versorgung (Abb. 7) lassen sich langsame und schnelle Muskelfasern unterscheiden.

Fasertyp I („slow twitch", ST- oder rote Fasern):
Diese Fasern zeichnen sich durch eine langsamere Kontraktionsgeschwindigkeit, einen aeroben Stoffwechsel mit entsprechender Enzymausstattung und einer großen Ermüdungsresistenz aus. Sie werden durch kleine α-Motoneuronen innerviert, die eine geringe Leitgeschwindigkeit, kleine Amplituden und eine dauernd niedrige Impulsfrequenz haben. Es werden nur wenige Muskelfasern innerviert, und auch die maximale Kraftleistung dieser Zellen ist gering.

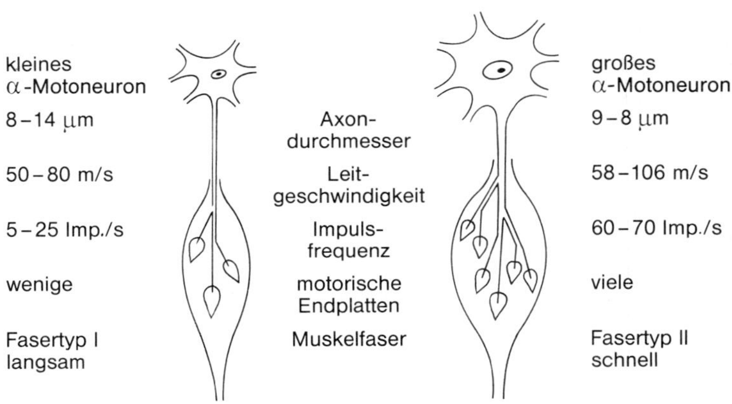

Abb. 7 Innervation einer langsamen und schnellen Muskelfaser (nach Schmidtbleicher 1980)

Bei langsamen Bewegungen arbeiten vorwiegend die langsamen Muskelfasern. Diese gehören zu kleinen motorischen Einheiten. Sie können sehr fein koordinierte Bewegungen ausführen (Bewegungsbegabung).

Tonische Muskeln enthalten normalerweise einen höheren Prozentanteil dieses Fasertyps. Generell haben gut trainierte Ausdauersportler wie Radfahrer, Langstreckenläufer und Skilangläufer einen größeren Anteil an Typ-I-Fasern.

Fasertyp II („fast twitch", FT- oder weiße Fasern):
Diese Fasern zeichnen sich durch eine schnelle Kontraktionsgeschwindigkeit, einen anaeroben Stoffwechsel und eine geringe Ermüdungsresistenz aus. Sie werden durch große α-Motoneuronen mit großer Leitgeschwindigkeit, großen Amplituden und salvenmäßig hoher Impulsfrequenz innerviert. Die maximale Kraft der einzelnen Fasern ist groß und die Kraftentwicklung schnell. Es braucht einen starken willkürlichen oder reflektorischen Reiz, um diese Muskelfasern zu aktivieren.

Phasische Muskeln enthalten einen größeren Anteil an Typ-II-Fasern. Sowohl die Maximalkraft als auch die Schnellkraft stehen in direkter Beziehung zum prozentualen Anteil dieses Fasertyps. Einen hohen Anteil an Typ-II-Fasern haben z. B. Sprinter, Gewichtheber, Weit- und Hochspringer.

Die individuelle Verteilung der zwei Fasertypen ist zu einem Teil angeboren, zu einem anderen Teil abhängig von der Beanspruchungsform der Muskulatur. Die Umwandlung von Typ-II-Fasern zu Typ-I-Fasern ist durch Ausdauertraining wesentlich leichter zu erzielen als umgekehrt die Umwandlung von Typ-I-Fasern zu Typ-II-Fasern durch Kraft- oder Schnelligkeitstraining. Ein guter Langstreckenläufer wird deshalb kaum je ein guter Sprinter. Ein Sprinter dagegen kann auf Kosten seiner Schnelligkeit sein Dauerleistungsvermögen entscheidend verbessern.

Die tonische Muskulatur hatte ursprünglich eine reine Haltefunktion, die phasische Muskulatur vor allem eine Bewegungsfunktion. Muskelgruppen, die beide Funktionen erfüllen, werden als gemischte Muskulatur bezeichnet. Beim Menschen lassen sich tonische und phasische Muskeln nicht mehr in ihrer reinen Form finden. Dennoch können gewisse Muskeln durch ihre Reaktion auf eine Fehl- oder Überbelastung der einen oder anderen Muskelart zugeordnet werden (s. Tab. 2). Dabei reagieren die überwiegend tonischen Muskeln mit einer Verkürzung, die überwiegend phasischen Muskeln mit einer Abschwächung.

Die *muskuläre Dysbalance* stellt einen Zustand dar, bei dem ein Ungleichgewicht zwischen der tonischen und der phasischen Muskulatur besteht. Die tonischen Muskeln sind ohne Krafteinbuße verkürzt, die phasischen Antagonisten (Gegenspieler) und Synergisten (Mitspieler) weisen bei normaler Länge eine Abschwächung auf (Abb. 8).

Verschiedene Ursachen können zu einer muskulären Dysbalance führen:

- Fehl- und Überbelastung des Bewegungsapparates;
- einseitiger Trainingsaufbau mit Überbetonung der sportartspezifischen Bewegungsabläufe ohne ergänzendes Krafttraining und Dehngymnastik;
- Verletzungen der Muskeln und Bänder, der Gelenke und der Wirbelsäule;
- Abnützungserscheinungen der Gelenke und der Wirbelsäule;
- Inaktivität und lange Ruhigstellung.

Zwischen beiden Muskelgruppen besteht überdies eine direkte Beziehung, indem ein verkürzter tonischer Muskel seine phasischen Antagonisten und Synergisten hemmen, also ihre maximale Aktivierung und somit optimale Trainierbarkeit verhindern kann.

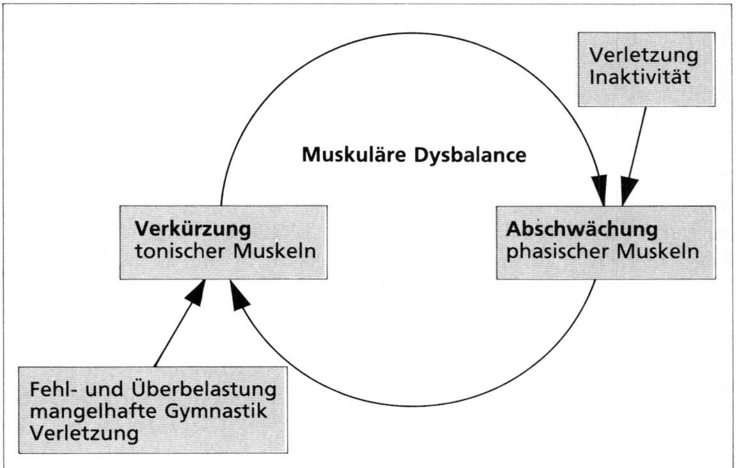

Abb. 8 Muskuläre Dysbalance

Zusätzlich kann ein Muskel seine Kraft nicht über den ganzen Bewegungsumfang entfalten, wenn die Bewegung durch einen verkürzten Antagonisten eingeschränkt wird.

Muskuläre Dysbalancen können ihrerseits auch Ursache von Muskelverletzungen sein. Verkürzte tonische Muskeln springen im Rahmen der Abwehr- und Schutzbewegungen rascher an als die phasischen Muskeln. Dies kann zu kurzzeitiger mechanischer Überbelastung mit Gefahr von Muskelzerrungen oder gar Muskelrissen in der verkürzten tonischen Muskulatur führen. Verkürzte Muskeln sind in der Entspannungsphase weniger weich und elastisch. Dieser erhöhte innere Widerstand ist häufig Ursache von schmerzhaften Überbelastungen der entsprechenden Muskeln und Sehnen.

Muskuläre Dysbalancen können mit gezielter Dehngymnastik behoben oder vermieden werden. Detaillierte Informationen zu diesem Thema werden in „Dehn- und Kräftigungsgymnastik" von H. Spring et al. (Thieme, Stuttgart 1988) dargestellt.

Muskelsteuerung

Damit es zu einer Muskelkontraktion kommen kann, sind neben der Muskulatur als ausführendem Organ das *Zentralnervensystem* als Reizerzeugungs- und Übertragungssystem sowie *Energie* notwendig. Ein Muskel kann willkürlich oder aufgrund einer Reflexreaktion kontrahiert werden. Willkürlich bedeutet, daß der Reiz im Gehirn ausgelöst wird und über die Pyramidenbahn in die Motoneuronen im Rückenmark und von dort in die Muskelzellen geleitet wird. Bei automatisierten Bewegungen verläuft die Reizübertragung mehrheitlich extrapyramidal, dafür aber mit zahlreichen Querverbindungen zwischen verschiedenen Neuronen. Bei den Reflexreaktionen wird der Reiz in der Muskelspindel produziert und über die afferenten Nervenfasern ins Rückenmark geleitet (Hinterhorn). Die im Muskel parallel zu den Muskelfasern liegenden *Muskelspindeln* registrieren Längenänderungen des Muskels. Diese Information wird über schnell leitende Nervenfasern an die dazugehörenden α-Motoneuronen im Vorderhorn des Rückenmarks geleitet. Der Reiz bewirkt dort eine Erregung der Motoneuronen. Dadurch wird eine Muskelkontraktion ausgelöst. Die Kontraktion hat zur Folge, daß die Dehnung und Reizung der Muskelspindeln aufhört. Der Regelkreis ist unterbrochen, es wird keine weitere Information über die Nervenfasern ins Rückenmark geleitet. Die Kontraktion des Muskels läßt nach. Dieser durch eine Muskeldehnung ausgelöste Vorgang wird als *Dehnungsreflex* bezeichnet (Abb. 9). Der Dehnungsreflex wird bei der Negativmethode im Krafttraining genutzt (Kap. 6).

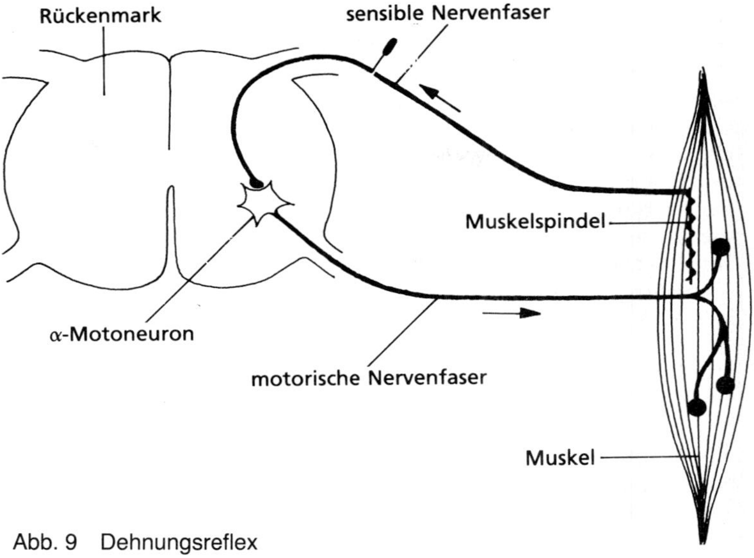

Abb. 9 Dehnungsreflex

Die Art der Muskelkontraktion ist je nach Muskel unterschiedlich. Sie ist vor allem von der Innervierung abhängig. Wenn ein Motoneuron nur wenige Muskelfasern innerviert (kleine motorische Einheit), dann kann die Bewegung sehr fein koordiniert werden (z. B. *Finger-, Gesichtsmuskel*). Werden aber über ein Motoneuron sehr viele Muskelfasern aktiviert, dann ist eine sehr fein koordinierte Bewegung nicht mehr möglich (z. B. *Gesäßmuskel*).

Energiebereitstellung

Die Muskelkontraktion benötigt Energie. Eine Kontraktion ist nur möglich über die Spaltung von ATP zu ADP. In der Muskulatur muß demnach ein Reservoir an ATP vorhanden sein. Dieses Reservoir ist aber so klein, daß es bereits nach wenigen Sekunden Arbeit ausgeschöpft ist. Der ATP-Gehalt der langsamen und schnellen Muskelfasern ist bei trainierten und bei untrainierten Personen ungefähr gleich groß. Der Wiederaufbau von ADP zu ATP wird im Zeitraum von 2–20 Sekunden Bewegungszeit durch den Energieträger Kreatinphosphat gewährleistet. Diese Kreatinphosphatvorräte sind bei trainierten Athleten wesentlich größer als bei Normalperso-

nen. Das heißt, guttrainierte Athleten können bei relativ hohen Belastungen länger arbeiten, ohne übersäuert zu werden.
Wird im Bereich von 20 Sekunden bis 2 Minuten intensiv gearbeitet, so geschieht die Energieleistung anaerob über die Glykolyse. Die Glykogendepots in der Muskulatur sind bei gut trainierten Athleten ebenfalls wesentlich größer als bei untrainierten. Sie sind sowohl in den langsamen als auch in den schnellen Muskelfasern vorhanden. Bei langandauernden mittleren Belastungen entleeren sich zuerst die Glykogendepots der langsamen Muskelfasern. Bei sehr intensiven Kurzbelastungen werden hingegen die Glykogenspeicher der schnellen Fasern aufgebraucht. Dies zeigt, daß die schnellen Muskelfasern bei langsamen Bewegungen kaum aktiviert werden, daß sie aber die Fähigkeit haben, über eine kurze Zeit anaerob zu arbeiten (Athleten mit einem großen Anteil schneller Muskelfasern erreichen hohe Laktatwerte).
Bei Arbeitszeiten von mehr als 2 Minuten Dauer läuft die Energiebereitstellung vorwiegend unter Sauerstoffverbrauch aerob ab (Verbrennen von Glukose und Fett). Für diese Art der Belastung sind die langsamen Muskelfasern besonders gut geeignet (Fähigkeit des hohen Sauerstoffaustausches: gute Durchblutung, große Mitochondrienzahl).

Muskelmechanik

Jede Bewegung erfordert Kraft. Diese Kraft muß durch die Muskulatur erzeugt werden. Um sich sportlich bewegen zu können, muß daher die Muskulatur entsprechend aktiviert werden. Die Muskelkraft wird auch als *innere Kraft* bezeichnet. Sie greift nie im Zentrum eines Gelenks an, sondern hat einen bestimmten Abstand zum Drehpunkt des Gelenks (Hebel). Das Resultat einer Muskelkontraktion ist ein Drehmoment und damit eine Rotation. Es wird in diesem Fall als *inneres Drehmoment* bezeichnet. Die Größe dieses Drehmoments wird bestimmt durch die Kraft der Muskulatur und den senkrechten Abstand zum Drehpunkt im Gelenk. Da sich der Hebel je nach Gelenkanatomie im Verlauf einer Bewegung verändern und zudem der Muskel in einer mittleren physiologischen Länge am meisten Kraft entwickeln kann, resultiert für jedes Gelenk eine typische Drehmomentverlaufskurve. So ergaben statische Messungen bei mehreren Versuchspersonen den in Abb. 10 dargestellten Drehmomentverlauf im Kniegelenk.

Die größten inneren Drehmomente im Kniegelenk werden bei einer Kniewinkelstellung von 100–120° erreicht. In diesem Bereich sind die Hebelverhältnisse im Kniegelenk am günstigsten. Bei einer

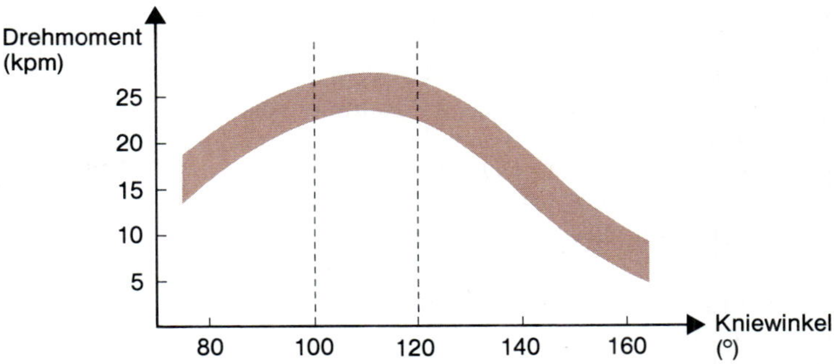

Abb. 10 Innere Drehmomente im Kniegelenk in Abhängigkeit der Winkelstellung (180° = gestreckt)

größeren Kniebeugung und besonders bei fast gestreckter Beinhaltung sind die erreichten Drehmomente deutlich geringer.

Normalerweise sind die Bewegungen im Sport mehrgelenkig. Die Drehmomente in den einzelnen Gelenken können sich gegenseitig so beeinflussen und ergänzen, daß trotz der vielen Rotationen innerhalb des Körpers Gesamtkörperbewegungen ohne Drehung resultieren (z. B. Laufen).

Die Kraft der Muskulatur ist abhängig vom Muskelquerschnitt und von der Faserzusammensetzung. Muskeln mit einer großen Anzahl schneller Fasern können eine große Maximalkraft erreichen (bis 10 kp/cm^2 Muskelquerschnitt). Die intramuskuläre Koordination ist bei solchen Muskeln, bedingt durch die Innervation, auf einem hohen Niveau. Muskeln mit einem hohen Anteil an langsamen Fasern können nur 4–6 kp/cm^2 Maximalkraft entwickeln, sind aber durch Training der intramuskulären Koordination etwas verbesserungsfähig. Athleten mit solchen Muskeln werden aber nie in der Lage sein, aus dem Stand (z. B. Standweitsprung, Jump-and-reach-Test) Topleistungen zu erbringen. Durch Ausholbewegungen und Anlaufen können diese Sportler aber eine größere Anzahl Muskelfasern aktivieren und dadurch die Maximalkraft steigern.

Bei sportlichen Bewegungen arbeiten meistens verschiedene Muskeln zusammen. Muskeln, die gleichzeitig an der gleichen Gelenkbewegung beteiligt sind, werden als Synergisten bezeichnet. Die Kniebeugung wird beispielsweise durch die drei ischiokruralen Muskeln (halbsehniger, halbmembranöser und zweiköpfiger Oberschenkelmuskel) synergistisch ausgeführt. Diejenigen Muskeln, die in bezug auf ein Gelenk für die Gegenbewegung verantwortlich sind, werden als Antagonisten bezeichnet. Eine sportliche Bewegung ist somit ein harmonisches Zusammenspiel zwischen Synergisten und Antagonisten. Dies bedeutet aber nicht, daß diese gegensätzlichen Muskeln nicht gleichzeitig aktiv sein können. Vielfach hat der antagonistische Muskel bei einer Bewegung die Aufgabe, das Gelenk zu stabilisieren, um dadurch die Verletzungsgefahr zu verringern.

Das Zusammenwirken der Muskeln bei Gesamtkörperbewegungen läuft über Muskelschlingen. Um vom Boden abstoßen zu können, muß beispielsweise die hintere Unterschenkel-, die vordere Oberschenkel- und die hintere Hüftmuskulatur aktiv sein, so daß das Fuß-, das Knie- und das Hüftgelenk gestreckt werden können. Beim Vorschwingen des Schwungbeines beim Laufen sind es die entsprechenden Antagonisten, welche die Bewegung der einzelnen Gelenke bewirken. Das Resultat dieses Zusammenspiels ist eine koordinierte zyklische Bewegung (Abb. 11).

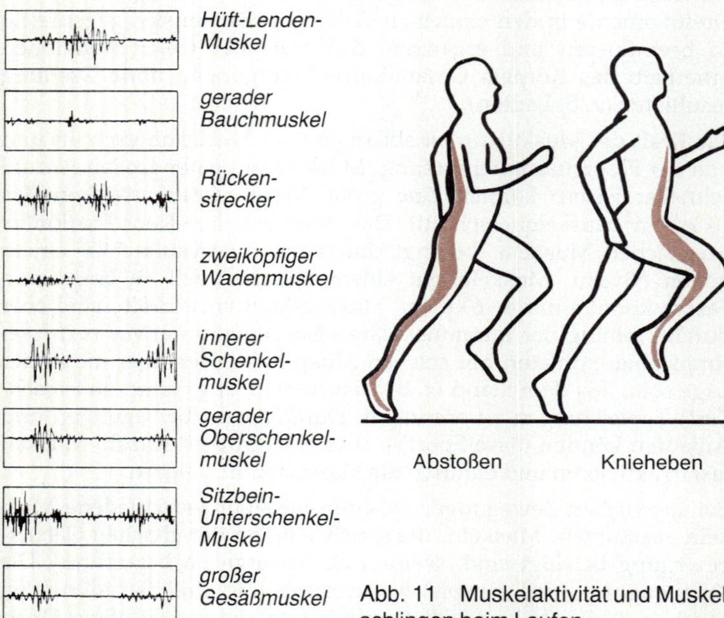

Abb. 11 Muskelaktivität und Muskelschlingen beim Laufen

Die Aufzeichnung der Muskelaktivität beim schnellen Laufen zeigt deutlich, daß die Waden-, die vordere Oberschenkel-, die Gesäß- und die Rückenmuskulatur gleichzeitig aktiv sind, wogegen diese Muskeln beim Knieheben nicht innerviert werden.

6 Training

Begriffe und Definitionen

Jede Muskelkontraktion produziert Kraft. Diese Kraft kann eingesetzt werden, um Widerstände zu überwinden oder ihnen entgegenzuwirken. Je nach Ausmaß und Zeitdauer der entwickelten Kraft lassen sich drei Arten unterscheiden:

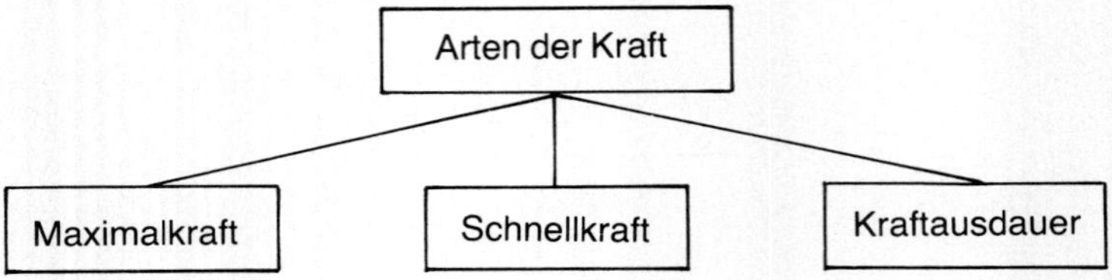

Die *Maximalkraft* ist die größtmögliche Kraft, die sowohl in dynamischer als auch in statischer Form willkürlich gegen einen Widerstand ausgeübt werden kann. Sie ist abhängig vom Muskelquerschnitt und von der intramuskulären Koordination. Der *Muskelquerschnitt* wird bestimmt durch die Anzahl und die Dicke der Muskelfasern. Die *intramuskuläre Koordination* ist das synchrone Zusammenwirken der einzelnen Muskelfasern innerhalb eines Muskels.

Die *Schnellkraft* ist die Kraft, den eigenen Körper, Körperteile oder Geräte mit möglichst hoher Geschwindigkeit zu bewegen. Sie ist hauptsächlich abhängig von der intramuskulären Koordination.

Die *Kraftausdauer* ist die Widerstandsfähigkeit der Muskulatur gegenüber Ermüdung bei langandauernden oder sich wiederholenden Kraftleistungen (statisch und dynamisch). Sie wird bestimmt durch die Maximalkraft und die anaeroben Ausdauerqualitäten.

Die *Muskelkontraktion* ist je nach Krafttraining unterschiedlich:

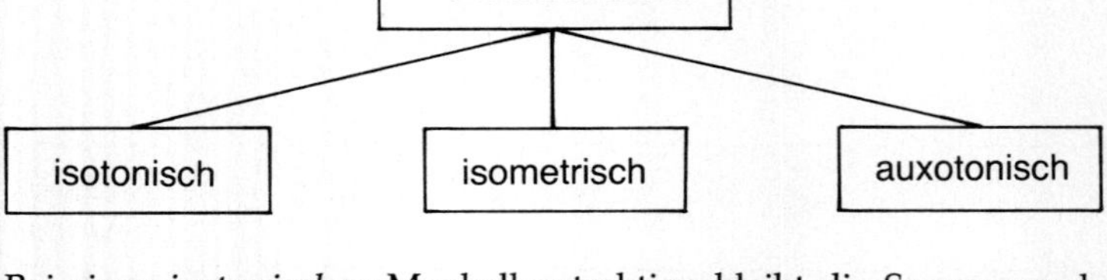

Bei einer *isotonischen* Muskelkontraktion bleibt die Spannung der Muskulatur über den ganzen Bewegungsumfang gleich hoch. Es verändert sich nur die Muskellänge.

Die Kontraktion der Muskulatur ist *isometrisch,* wenn sich die Muskellänge nicht verändert, aber die Muskelspannung unterschiedlich ist.

Eine *auxotonische* Muskelkontraktion ist die Kombination isometrischer und isotonischer Kontraktionsformen (Spannung und Muskellänge verändern sich). Sie ist die häufigste Kontraktionsform beim Krafttraining.

Das Krafttraining des Sportlers kann folgendermaßen unterteilt werden:

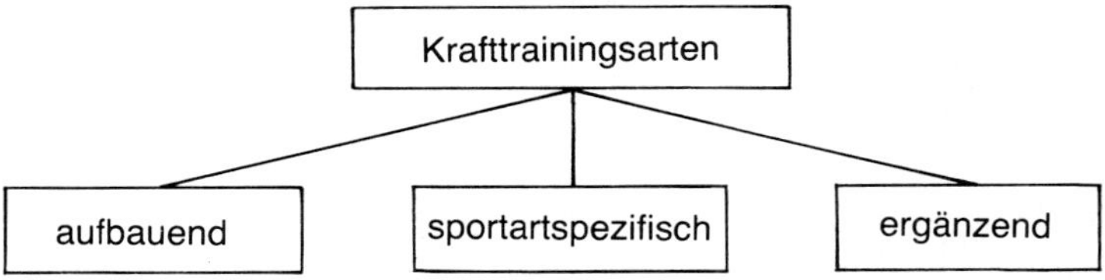

- *aufbauendes* Krafttraining: wenig spezifisches Muskelaufbautraining der gesamten Muskulatur;
- *sportartspezifisches* Krafttraining: Training derjenigen Muskelfunktionen, die in der eigenen Sportart leistungsbestimmend sind;
- *ergänzendes* Krafttraining: Training zur Erhaltung der Gesundheit und Vermeidung von muskulären Ungleichgewichten.

Das Krafttraining kann mit verschiedenen Methoden durchgeführt werden.

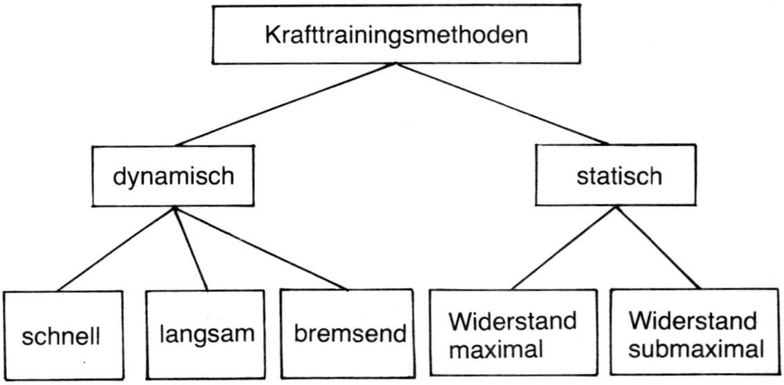

Grundsätzlich kann unterschieden werden in dynamisches und statisches Krafttraining. *Dynamisches* Krafttraining heißt Training

durch Bewegung. Beim *statischen* Krafttraining wird Haltearbeit oder Widerstand geleistet.
Die gebräuchlichsten Methoden des dynamischen Krafttrainings sind:

- *Dynamisch schnelles* Krafttraining: Die einzelnen Wiederholungen werden mit hohem bis maximalem Krafteinsatz zügig bis explosiv ausgeführt (konzentrische Muskelarbeit).
- *Dynamisch langsames* Krafttraining: Die Bewegung ist langsam und gleichmäßig (dosierter Krafteinsatz). Dieses Krafttraining wird auch als isokinetisches Krafttraining bezeichnet (isokinetisch = gleich bewegend).
- *Dynamisch bremsendes* Krafttraining: Eine sehr hohe Last wird durch maximalen Krafteinsatz abgebremst (Negativmethode, exzentrische Muskelarbeit).

Die Methoden des statischen Krafttrainings sind:

- *Statisches* Krafttraining mit *maximalem Widerstand:* Die statische Kraftentwicklung gegen einen normalerweise festen Widerstand ist geeignet zur Steigerung der statischen Maximalkraft.
- *Statisches* Krafttraining mit *submaximalem Widerstand:* Diese Krafttrainingsmethode gegen einen submaximalen Widerstand ist sinnvoll zur Steigerung der statischen Kraftausdauer (20–40 s Haltearbeit).

Die gebräuchlichen Krafttrainingsmittel sind:

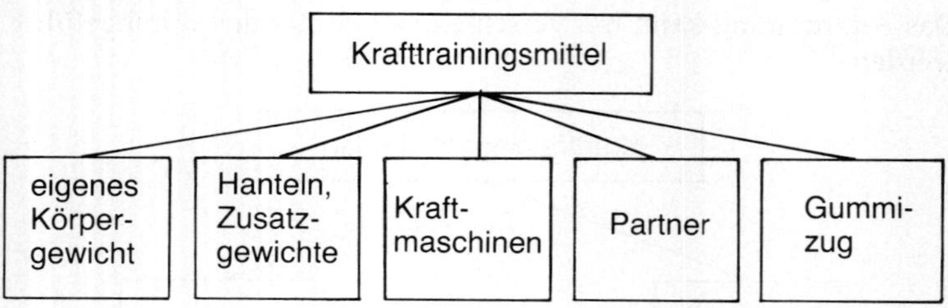

- Krafttraining durch den Widerstand des *eigenen Körpergewichts* (z. B. Sprungkrafttraining),
- Krafttraining durch den Widerstand von *Hanteln* oder *kleiner Zusatzgewichte* (z. B. Medizinball),
- Krafttraining durch den Widerstand von *Kraftmaschinen* (eingelenkige, mehrgelenkige Bewegungen),
- Krafttraining durch den Widerstand oder mit Hilfe des *Partners,*
- Krafttraining durch den Widerstand des *Gummizuges* (z. B. Wurfbewegung).

Trainingsarten

Aufbauendes Krafttraining

Die Zielsetzungen beim aufbauenden Krafttraining sind:

- allgemeine Kräftigung des gesamten Körpers,
- Muskelquerschnittvergrößerung,
- Training der intramuskulären Koordination,
- Training der Kraftausdauer.

Diese Krafttrainingsart ist für solche Sportarten wichtig, bei denen die Kraft eine wichtige Rolle spielt (z. B. Wurfdisziplinen, Gewichtheben, Rudern usw.). Für Ausdauersportler ist dieses Training nicht sehr wichtig und kann auch weggelassen werden. Das Training der intramuskulären Koordination und der Kraftausdauer ist ebenfalls je nach Sportart unterschiedlich zu gewichten. Das Muskelaufbautraining ist nur wenig disziplinspezifisch und gehört somit über einen mehr oder weniger langen Zeitraum in die Vorbereitungsperiode. Wenig disziplinspezifisch bedeutet aber nicht, daß dabei die Übungen nicht sorgfältig ausgewählt werden sollen. Beim aufbauenden Krafttraining soll vor allem die Kraft derjenigen Muskulatur gefördert werden, die in der eigenen Sportart eine große Bedeutung hat. Dazu sind z. B. Übungen an Kraftmaschinen sehr gut geeignet. Der Muskel soll dabei über einen möglichst großen Bewegungsumfang trainiert werden. Die einzelnen Übungen sollen sich ergänzen. Dies setzt gute Kenntnisse der funktionellen Anatomie des Menschen und der Wirkungsweise der Trainingsgeräte voraus.

Sportartspezifisches Krafttraining

Sportartspezifisches Krafttraining heißt: Es wird diejenige Muskelfunktion trainiert, die auch bei der Ausführung der eigenen Spezialdisziplin leistungsbestimmend ist. Genauer präzisiert bedeutet dies:

- *Gleiche Muskulatur:* Anhand von Bewegungsanalysen in der betreffenden Sportart soll die leistungsbestimmende Muskulatur festgestellt werden. Durch die Trainingsübungen soll diese Muskulatur gekräftigt werden.
- *Gleiche Kraft:* Das funktionelle Krafttraining soll Übungen enthalten, durch welche die spezielle Kraft mit einer ähnlichen Dynamik geschult wird (z. B. Gewichtheber = Maximalkraft, Sprinter = Schnellkraft).
- *Gleiche Winkelstellung:* Die Bewegungsausführung beim Krafttraining soll in einem ähnlichen Winkelbereich erfolgen wie bei der Wettkampfdisziplin (z. B. hohe Kniebeugen für Läufer).

Durch ein sportartspezifisches Krafttraining soll unmittelbar eine Leistungssteigerung angestrebt werden. Es muß auf die Wettkampfbewegung abgestimmt sein und ist das wichtigste Krafttraining der Wettkampfperiode.
Um die leistungsbestimmende Muskulatur, die Dynamik, die Winkelstellungen und damit das ideale Krafttraining bestimmen zu können, muß die Bewegung der Wettkampfdisziplin genau analysiert werden. Biomechanische Analysen sind dabei vorteilhaft, aber nicht die einzige Möglichkeit. Auch Videoaufzeichnungen, Reihenbilder oder sogar Beobachtungen können aufschlußreich sein.

Im folgenden soll anhand des Beispiels Laufen ein mögliches Vorgehen aufgezeigt werden. Aus der Gegenüberstellung der Bewegungsabläufe von drei Läufern mit unterschiedlicher Laufgeschwindigkeit können die Faktoren abgeleitet werden, welche für die Leistung, also das schnelle Laufen maßgebend sind.

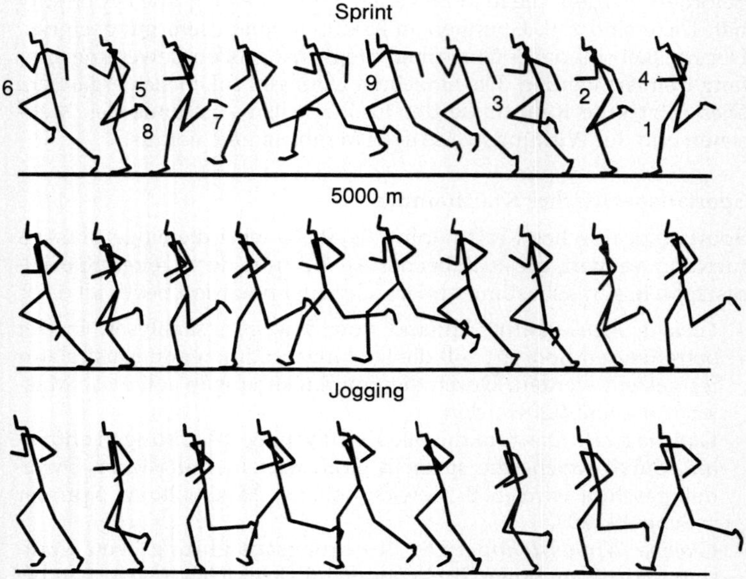

Abb. 12 Lauftechnik bei unterschiedlichen Geschwindigkeiten

Wer schnell laufen will, muß folgende Forderungen erfüllen (Abb. 12):

1 Schwungbein fast gestreckt auf dem Fußballen aufsetzen.
2 Hoch laufen (kein Fersenkontakt, großer Kniewinkel).
3 Standbein beim Abstoßen nicht ganz durchstrecken.
4 Schwungbein möglichst schnell nachziehen.
5 Fuß hoch am Gesäß vorbei nach vorne bringen.
6 Schwungbeinknie schnell und hoch heben.
7 Unterschenkel vorwärts auspendeln (Voraussetzung für aktives Aufsetzen).
8 Schwungbein aktiv aufsetzen (rückwärtsziehende Bewegung vor dem Aufsetzen).
9 Oberkörper in Vorlage halten.

Wie aus Abb. 13 hervorgeht, arbeiten die einzelnen Muskeln bei unterschiedlicher Laufgeschwindigkeit ganz verschieden. Um schneller laufen zu können, muß die Muskulatur stärker aktiviert werden. Es ist aber interessant zu beobachten, daß dabei die Aktivität der an der Hüftbeugung und -streckung beteiligten Muskulatur stärker zunimmt als der Einsatz der Fuß- und Kniestreck- und der Kniebeugemuskeln. Diese Tendenz entspricht auch den Ergebnissen aus Filmanalysen. Beim Studium der Muskelaktivitäten fällt auch der minimale Einsatz der Bauchmuskulatur auf. Diese Muskulatur wird offensichtlich beim Laufen nur wenig gebraucht. Daraus können sich beim Fehlen von ergänzenden Trainingsmaßnahmen typische Haltungsprobleme der Läufer entwickeln (Hohlkreuzstellung).

Es gibt verschiedene Gründe, warum die langsamen Sprinter, die Mittel- und Langstreckenläufer oder die Jogger nicht wie die schnellen Sprinter laufen:

- Es fehlt die Kraft (Schnellkraft) der spezifischen Muskulatur.
- Es fehlt die Bewegungskoordination.
- Es fehlen die Energiereserven.

Ausdauerläufer können primär deshalb nicht so laufen wie Sprinter, weil die Sprintbewegung viel zu viel Energie verbraucht und deswegen nicht ökonomisch ist. Auch sind bei der Sprintbewegung teilweise Muskeln im Einsatz, die nicht für Ausdauerleistungen geeignet sind, weil sie einen zu großen Anteil an schnellen Fasern und zu lange Hebel haben (z. B. großer Gesäßmuskel).

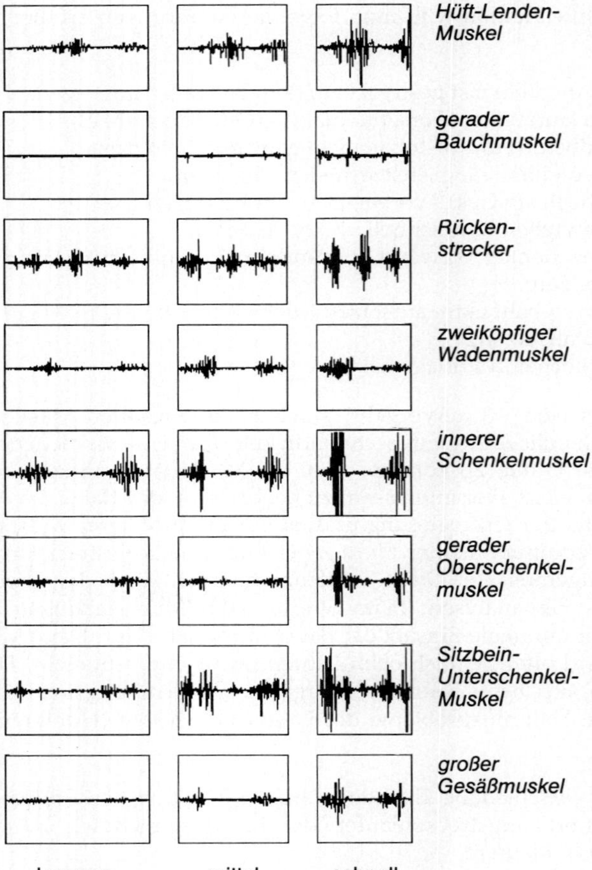

Abb. 13 Einsatz der Muskulatur bei unterschiedlichen Laufgeschwindigkeiten

Die Läufer müssen als Konsequenz aus der Bewegungsanalyse folgende Muskelgruppen speziell trainieren (Abb. 14):

- Fußstrecker,
- Kniestrecker,
- Hüftstrecker,
- Hüftbeuger.

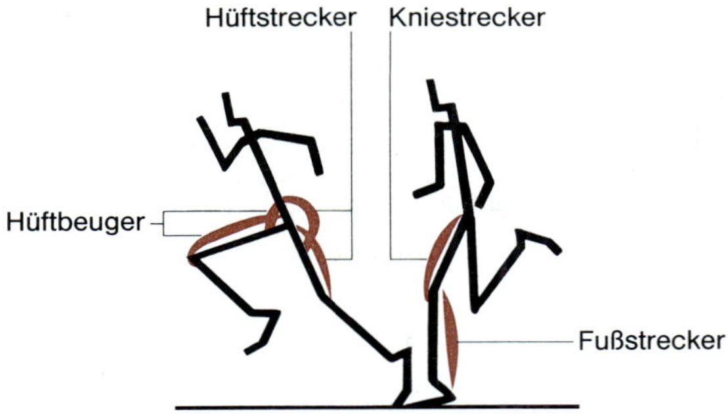

Abb. 14 Die zu trainierenden Muskeln des sportartspezifischen Krafttrainings für Läufer

Das Training der einzelnen Muskeln muß aber beim Sprinter ganz anders gewichtet sein als beim Langstreckenläufer. Beim Sprinter stehen die Muskelgruppen Hüftbeuger, Hüftstrecker und Fußstrekker im Zentrum des Trainings, beim Langstreckenläufer die Knie- und Fußstreckmuskulatur. Daneben muß der Kurzstreckenläufer seine Muskulatur durch Maximal- und Schnellkrafttraining kräftigen, der Ausdauerläufer eher durch Kraftausdauertraining. Entsprechend sinnvolle Trainingsübungen können dem Übungskatalog entnommen werden (Tab. 3 und S. 26ff).

Tabelle 3 Sinnvolle Trainingsübungen für Sprinter und Langstreckenläufer

Sprint	Langstreckenlauf
– Einbeinige Strecksprünge (S. 107)	– Einbeinige Strecksprünge (S. 107)
– Fußgelenkstrecken (S. 27)	– Beidbeinige Strecksprünge (S. 108)
– Oberkörperheben (S. 52)	– Hohe und halbe Kniebeugen (S. 111)
– Bein rückwärts ziehen (S. 50)	– Beine strecken an der Beinpresse (S. 38)
– Hohe und tiefe Kniebeugen (S. 111)	
– Einbeinige Strecksprünge mit Bodenberühren (S. 48 u. 115)	
– Aufsitzen am Schrägbrett (S. 55)	
– Aus Schräglage Beine heben (S. 123)	

Im folgenden werden drei typische Übungen aus dem Katalog mit dem Einsatz der leistungsbestimmenden Muskulatur vorgestellt.

Bei der Übung „Einbeinige Strecksprünge" (Abb. 15) werden alle für die Laufbewegung wichtigen Fuß-, Knie- und Hüftmuskeln aktiviert. Im Gegensatz zu den Langstreckenläufern sollen die Sprinter diese Trainingsform möglichst flach vorwärts und schnell ausführen, weil dadurch die Hüftmuskulatur besser trainiert wird.

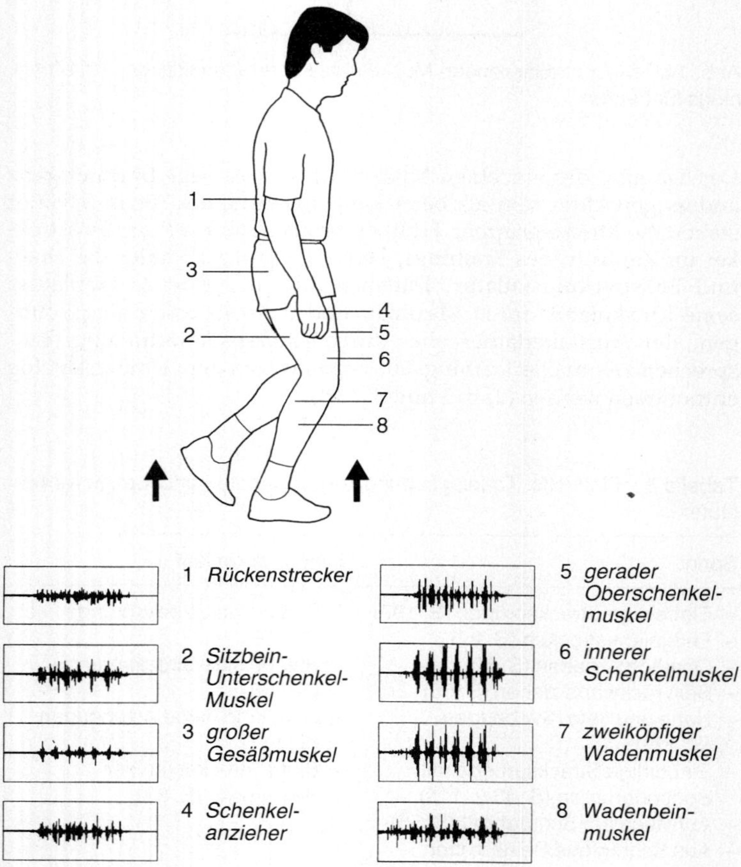

Abb. 15 Einbeinige Strecksprünge (Übung S. 107)

Die für das schnelle Laufen wichtige Hüftstreckung kann durch die Übung „Oberkörper heben rückwärts" (Abb. 16) geschult werden. Bei dieser Trainingsübung wird die zweigelenkige hintere Oberschenkelmuskulatur als Hüftstreck- und nicht als Kniebeugemuskulatur eingesetzt und gleichzeitig die Gesäßmuskulatur trainiert.

Beim Laufen können die Knie nur dann schnell gehoben werden, wenn die Hüftbeugemuskeln kräftig sind. Eine geeignete Trainingsübung dafür ist das „Aufsitzen am Schrägbrett" (Abb. 17). Dabei werden alle Hüftbeugemuskeln und die Bauchmuskeln trainiert. Es ist interessant, daß der zweigelenkige gerade Oberschenkelmuskel bei der Hüftbeugung nur im hüftnahen Bereich intensiv beansprucht wird.

Das beste sportartspezifische Krafttraining ist das „spezielle Krafttraining". Darunter versteht man die Ausführung des Bewegungs-

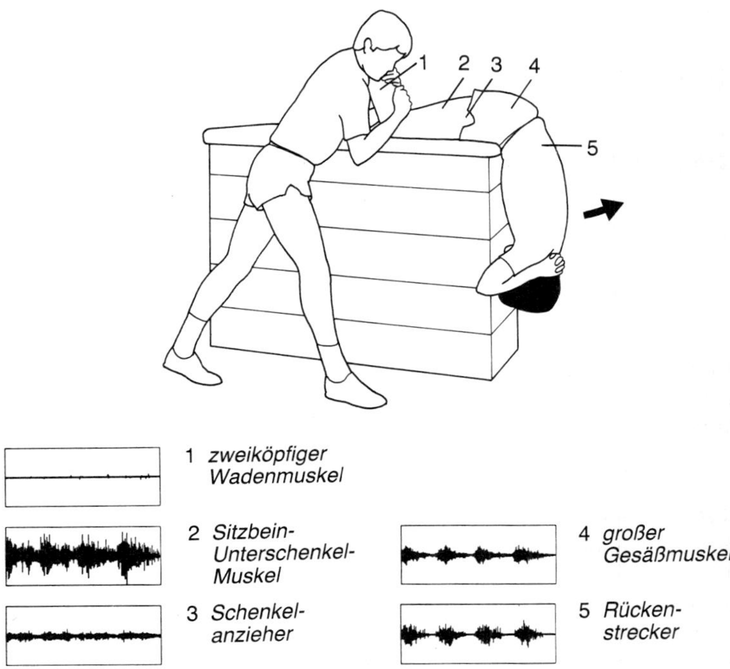

Abb. 16 Oberkörper heben rückwärts (Übung S. 52)

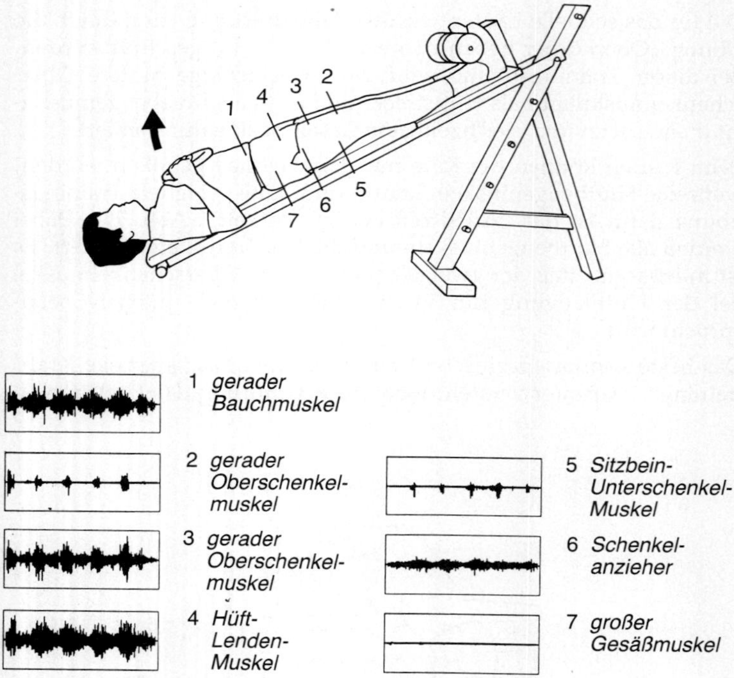

Abb. 17 Aufsitzen am Schrägbrett (Übung S. 55)

ablaufes mit erhöhten äußeren Belastungen, wie z. B. Werfen mit schwereren Geräten, Springen oder Turnen mit Gewichtsweste, Handballspielen mit schwereren Bällen, Ringen mit schwereren Gegnern oder Tennisspielen mit schwererem Racket.

Ergänzendes Krafttraining

Unter ergänzendem Krafttraining versteht man ein Krafttraining zur Erhaltung der Gesundheit und zur Ermöglichung weiterer Trainingsfortschritte der Leistungsmuskulatur. Dieses Training muß auf die Besonderheiten der Bewegungen der jeweiligen Sportart und auf die anatomischen Voraussetzungen der Athleten abgestimmt sein. Gesundheitstraining heißt dabei, daß durch das Training der

Spezialdisziplin provozierte und verursachte muskuläre Ungleichgewichte (Dysbalancen) verhindert und behoben werden sollen. Entscheidende Fortschritte der Leistungsmuskulatur sind nur bei gut trainierten und vor allem nicht verkürzten Antagonisten möglich. Ein Gesundheitskrafttraining beinhaltet deshalb immer auch Dehnübungen.

Das ergänzende Krafttraining gehört in die Vorbereitungs- wie in die Wettkampfperiode. Es kann als eigenständige Trainingseinheit oder mit anderen Trainingseinheiten kombiniert durchgeführt werden. Dabei sollen eher der Muskelquerschnitt und die Kraftausdauer, aber weniger die intramuskuläre Koordination oder die Schnellkraft verbessert werden. Die Basis zum Bestimmen der Übungen für das ergänzende Krafttraining sind die Bewegungsanalyse, die Übungen des sportartspezifischen Krafttrainings und eine Beurteilung des Bewegungsapparates des Athleten. Für den Sprinter soll das ergänzende Krafttraining Übungen für die Fußbeuger, die Kniestrecker, die Kniebeuger, die Rumpfstabilisierungsmuskulatur (Bauch, Rücken) und die Schulter-Arm-Muskulatur enthalten. Die meisten dieser Trainingsübungen sind auch für die Ausdauerläufer sinnvoll. Allerdings sind bei ihnen anstelle der Kniestreckerübungen die Hüftübungen ins Trainingsprogramm aufzunehmen.

Aufgrund von Erfahrungen aus medizinischen Tests kann bei Läufern häufig eine starke Hohlkreuzstellung festgestellt werden (Abb. 18). Diese wird verursacht durch Verkürzungen des geraden Oberschenkelmuskels, des Hüft-Lenden-Muskels und des Rückenstreckers, hervorgerufen durch den häufigen Einsatz beim Laufen.

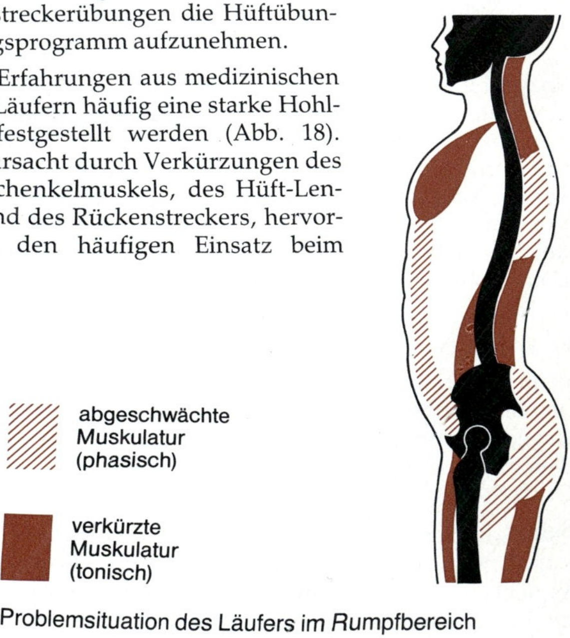

Abb. 18 Häufige Problemsituation des Läufers im Rumpfbereich

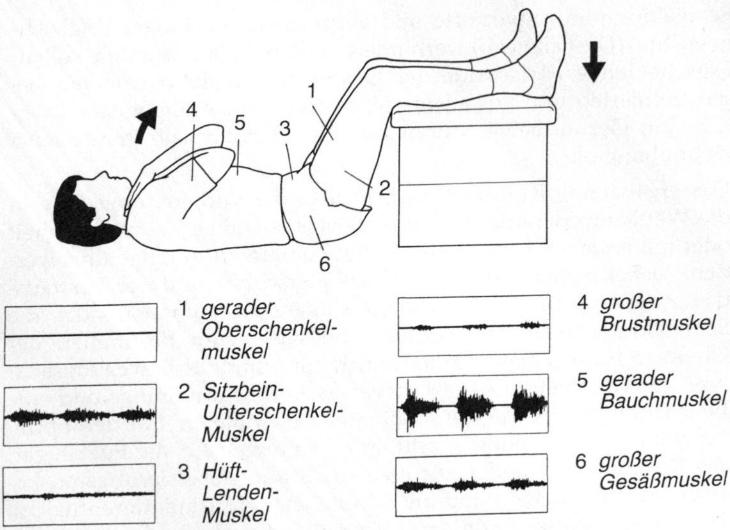

Abb. 19 Oberkörperheben vorwärts mit Fersendruck (Übung S. 66)

In solchen Situationen sind im ergänzenden Krafttraining speziell die Bauch- und Gesäßmuskeln zu kräftigen. Häufig sind die Rükkenmuskeln im Bereich der Lendenwirbelsäule kräftiger als die antagonistische Bauchmuskulatur, was ein spezielles Training dieser Muskeln erübrigt. Im Bereich der Brustwirbelsäule ist die Situation eher umgekehrt. Die Brustmuskulatur ist kräftiger als die Rükkenmuskulatur. Das Training der Rückenmuskulatur muß somit vor allem Übungen für die obere Rückenmuskulatur enthalten.

Die beiden folgenden Übungen sind typische Trainingsformen des ergänzenden Krafttrainings.

Beim „Oberkörperheben vorwärts mit Fersendruck" (Abb. 19) werden die Hüftbeugemuskeln antagonistisch gehemmt. Es arbeitet im Gegensatz zum „Aufsitzen am Schrägbrett" im wesentlichen nur die Bauchmuskulatur und in geringem Maße die Gesäß- und hintere Oberschenkelmuskulatur.

Beim „Rückenstrecken aus Bauchlage auf Kasten" (Abb. 20) wird vor allem die obere Rückenmuskulatur stark beansprucht. Durch die Bauchlage kann der gesäßnahe Teil des Rückenstreckers wohl etwas entlastet, aber nicht vollständig ausgeschaltet werden.

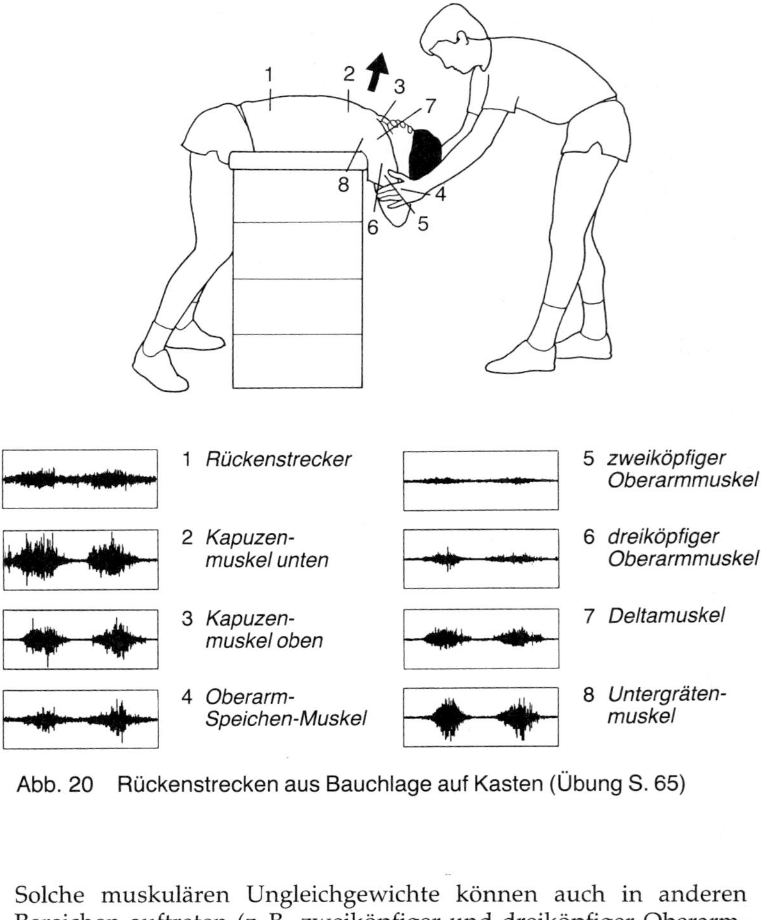

Abb. 20 Rückenstrecken aus Bauchlage auf Kasten (Übung S. 65)

Solche muskulären Ungleichgewichte können auch in anderen Bereichen auftreten (z. B. zweiköpfiger und dreiköpfiger Oberarmmuskel). Im ergänzenden Krafttraining ist darauf Rücksicht zu nehmen. Selbstverständlich müssen bei solchen Problemen auch die verkürzten Muskeln gedehnt werden.

Es versteht sich von selbst, daß die einzelnen Arten des Krafttrainings durch Ausdauer-, Gewandtheits- und Beweglichkeitstrainingsformen ergänzt werden müssen.

Trainingsmethoden

In Tab. 4 sind die Krafttrainingsmethoden, Anwendungsbereiche, die Wiederholungszahlen und die Belastungen zusammengestellt.

Dynamisch schnelles Krafttraining

Die Methode des dynamisch schnellen Krafttrainings kann zur Steigerung aller Kraftarten verwendet werden. Je nach dem gewünschten Trainingseffekt sind die Wiederholungszahlen und die Belastungen entsprechend zu wählen.

Maximalkraftentwicklung durch Verbesserung der intramuskulären Koordination

Um die intramuskuläre Koordination steigern zu können, soll mit sehr hohen Belastungen und höchstem Einsatz gearbeitet werden.

Tabelle 4 Krafttrainingsmethoden, Anwendungsbereiche, Wiederholungszahlen und Belastungen

Krafttrainingsmethode	Anwendungsbereiche	Wiederholungen	Belastung %
dynamisch schnell	Maximalkraft		
	– intramuskuläre Koordination	1– 5	85–100
	– Muskelquerschnitt	6– 12	70– 85
	Schnellkraft	10– 15	30– 60
	Kraftausdauer	20– 60	30– 50
Dynamisch langsam (isokinetisch)	Maximalkraft		
	– Muskelquerschnitt	8– 12	50– 70
	Kraftausdauer	10– 20	30– 50
Dynamisch bremsend (Negativmethode)	Maximalkraft		
	– intramuskuläre Koordination	1– 5	> 100
	Schnellkraft	6– 10	60– 90
Statisch	Maximalkraft		
	– intramuskuläre Koordination	3– 5 s	90–100
	– Muskelquerschnitt	6– 10 s	70– 90
	Kraftausdauer	30–120 s	30– 50

Auf diese Art sind aber nur wenige Wiederholungen möglich, und zudem müssen die Pausen lang, die Serienzahlen aber nicht sehr hoch sein. Die Muskulatur ist demnach nur kurze Zeit aktiv, was bedeutet, daß der Muskelquerschnitt nur unwesentlich zunimmt. Durch den hohen Einsatz bei jeder Kontraktion wird vor allem die Innervation trainiert. Das heißt, daß dabei einerseits die Amplitudengröße und andererseits die Impulsfrequenz gesteigert werden. Dies hat zur Folge, daß sich mehr Muskelfasern in der gleichen Zeiteinheit kontrahieren und daß vor allem auch die motorischen Einheiten mit einer hohen Reizschwelle aktiviert werden (schnelle Fasern). Durch ein solches Training kann die Kraft pro cm^2 Muskelquerschnitt deutlich angehoben werden. Es ist deshalb auch verständlich, daß dadurch ebenfalls die Schnellkraft wirkungsvoll gesteigert werden kann.

Maximalkraftentwicklung durch Vergrößerung des Muskelquerschnitts

Um den Muskelquerschnitt optimal entwickeln zu können, muß der Muskel über relativ lange Zeit mit hohen Belastungen beansprucht werden. Dies ist möglich durch ein Krafttraining mit 70–85% der maximalen Belastung und 6–12 Wiederholungen pro Serie. Dabei werden weniger Muskelfasern aktiviert als beim Training der intramuskulären Koordination, dafür aber dauert die Belastung deutlich länger. Es werden primär die Muskelfasern mit niedriger Reizschwelle (langsame Fasern) erregt, was zur Folge hat, daß sich vor allem diese Fasern durch Einlagerung von Eiweißmolekülen (Aktin und Myosin) verdicken. Die Maximalkraft nimmt aufgrund der Querschnittvergrößerung zu, ohne daß aber die Kraft pro Querschnitt wesentlich gesteigert wird. Weil gewisse schnelle Muskelfasern mit sehr hohen Reizschwellen bei diesem Training nicht aktiviert werden, bringt ein solches Training auch keine wesentliche Steigerung der Schnellkraft.

Eine Variante des dynamisch schnellen Krafttrainings zur Steigerung des Muskelquerschnitts ist das Training nach dem Prinzip der Vorermüdung. Dabei wird zuerst die Muskulatur durch eine mehrgelenkige Übung vorermüdet und anschließend mit einer eingelenkigen Übung ausgereizt (z. B. 10 tiefe Kniebeugen und anschließend 10 Wiederholungen an der Beinstreckmaschine). Es ist auch das umgekehrte Vorgehen möglich.

Schnellkraftentwicklung

Die Schnellkraft kann durch ein Maximalkrafttraining mit sehr hohen Belastungen, aber auch durch ein eigentliches Schnellkrafttraining entwickelt werden. Dabei wird mit höchstem Einsatz und geringen bis mittleren Belastungen bei 10–15 Wiederholungen pro Serie gearbeitet. Die Auswirkungen auf die Muskulatur sind ähnlich wie beim Maximalkrafttraining (Steigerung der intramuskulären Koordination und der Bewegungsgeschwindigkeit). Die Muskulatur wird nur kurze Zeit aktiviert, was eine deutliche Querschnittvergrößerung unmöglich macht. Allerdings sind die Muskelaktivitäten teilweise geringer als beim Maximalkrafttraining, weil bei jeder Wiederholung der Widerstand sehr schnell überwunden und der Aufbau einer maximalen Muskelaktivität verhindert wird. Das Schnellkrafttraining hat seine Berechtigung vor allem in Sportarten, bei denen sehr geringe Widerstände überwunden werden müssen (z. B. Speerwerfen, Handball, Boxen usw.).

Kraftausdauerentwicklung

Die bei vielen Sportarten und -disziplinen wichtige Kraftausdauer kann durch ein Training mit geringen bis mittleren Belastungen bei einer Arbeitszeit von 30–120 s Dauer entwickelt werden. Die limitierende Komponente bei diesem Training ist die Übersäuerungstoleranz (Laktat). Da die Muskulatur lange Zeit bei allerdings nicht sehr hoher Aktivität arbeitet, kann durch ein solches Training eine Muskelquerschnittvergrößerung eintreten. Die intramuskuläre Koordination dürfte aber kaum gesteigert werden können. Je schneller die Übungen ausgeführt werden, um so höher ist die jeweilige Muskelaktivität und um so eher werden auch die rasch ermüdenden schnellen Muskelfasern erregt. Dies erklärt auch, warum bei schneller Ausführungsart der Kraftübung die Ermüdung schnell eintritt, aber auch viel Laktat produziert wird (Laktatproduktion = Privileg der schnellen Muskelfasern).
Die lokale Kraftausdauer kann nach dem Prinzip der Vorermüdung ganz extrem trainiert werden (z. B. in einem Circuittraining hintereinander zwei unterschiedliche Übungen für die gleiche Muskulatur, wie z. B. Einrollen an der Sprossenwand und anschließend Aufsitzen am Schrägbrett).

Dynamisch langsames Krafttraining (isokinetisch)

Die Methode des dynamisch langsamen Krafttrainings eignet sich zur Vergrößerung des Muskelquerschnitts und zur Steigerung der

Kraftausdauer. Sie ist nicht geeignet für die Verbesserung der Kraft pro Querschnitt und die Entwicklung der Schnellkraft.

Maximalkraftentwicklung durch Vergrößerung des Muskelquerschnitts

Beim dynamisch langsamen Training hat die Muskulatur während 40–60 s eine relativ hohe Aktivität. Das Produkt aus der Größe der Muskelaktivität und ihrer Dauer bewirkt, daß Eiweißmoleküle in der Muskulatur eingebaut werden und sich der Muskel dadurch verdickt. Die Muskelaktivität ist aber nicht so groß wie bei einem dynamisch schnellen Krafteinsatz. Das heißt, daß bei diesem Training primär die langsamen Muskelfasern mit den niedrigen Reizschwellen erregt werden. Ein maximaler oder maximal schneller Einsatz der Muskulatur wird dadurch nicht gefördert. Die schnellen Muskelfasern bleiben teilweise inaktiv, die intramuskuläre Koordination wird nicht trainiert. Das dynamisch langsame Krafttraining ist aber wahrscheinlich die beste Variante zur Vergrößerung des Muskelquerschnitts. Es ist auch nach dem Prinzip der Vorermüdung durchführbar.

Kraftausdauerentwicklung

Aufgrund der Arbeitszeiten von 40–120 s Dauer kann beim dynamisch langsamen Krafttraining auch die Kraftausdauer verbessert werden (Stehvermögenbereich). Die Ermüdung der Muskulatur tritt aber nicht so schnell ein wie bei einem dynamisch schnellen Kraftausdauertraining (z. B. Circuittraining). Das heißt, bei gleichen Belastungen kann dynamisch langsam länger gearbeitet werden. Dementsprechend ist auch die Laktatproduktion bei gleichen Arbeitszeiten wie beim dynamisch schnellen Krafttraining geringer. Die Erklärung für diese Fakten ist wahrscheinlich darin begründet, daß beim langsamen Krafttraining vor allem die langsamen, wenig ermüdenden Muskelfasern aktiv sind. Die schnellen, viel Laktat produzierenden Muskelfasern bleiben dagegen teilweise inaktiv.

Dynamisch bremsendes Krafttraining (Negativmethode)

Das dynamisch bremsende Krafttraining eignet sich speziell zur Steigerung der Maximal- und Schnellkraft, weil bei dieser Trainingsmethode die Muskulatur extrem aktiv ist. Diese extrem hohe Muskelaktivität ist das Resultat des sehr hohen willkürlichen Krafteinsatzes und der, durch den Dehnreflex bedingten zusätzlichen, nicht willentlich beeinflußbaren Muskelaktivität.

Maximalkraftentwicklung durch Verbesserung der intramuskulären Koordination

Bei der Negativmethode zur Steigerung der intramuskulären Koordination wird versucht, eine mehr als maximale Belastung zu bremsen. Der Muskel leistet einen extrem hohen willkürlichen Einsatz (Belastung 110–130% der dynamisch maximalen Belastung). Zusätzlich wird beim Abbremsen des Gewichtes der Muskel gedehnt und dadurch die Muskelspindeln gereizt. Diese Reizung, die nur beim schnellen Abbremsen eines Gewichtes auftritt, bewirkt reflexartig eine zusätzliche Aktivität im Muskel, so daß dieser mehr Kraft produzieren kann. Es kann pro Zeiteinheit ein Großteil der verfügbaren Muskelfasern (auch die schnellen Muskelfasern) kontrahiert werden, so daß dadurch die Kraft pro cm^2 Muskelquerschnitt, aber auch die Schnellkraft deutlich gesteigert werden können. Da bei einem solchen Training der Muskel nur kurze Zeit belastet werden kann, kommt es kaum zu einer wesentlichen Querschnittvergrößerung.

Schnellkraftentwicklung

Unter dem Schnellkrafttraining mit der Negativmethode versteht man das Abbremsen und anschließende Beschleunigen des eigenen Körpers oder eines Gerätes (z. B. Hantel). Darunter fällt z. B. das Tiefsprungtraining (plyometrisches Training). Bei Sprüngen von einer höher gelegenen Unterlage wird das Körpergewicht durch den Einsatz der Muskulatur abgebremst und anschließend aufwärts beschleunigt. In dieser Bremsphase entsteht, bedingt durch den Dehnreflex, eine bei einer Willkürkontraktion nicht mögliche Muskelaktivität. Bei vielen Sportarten, -disziplinen und Trainingsübungen wird versucht, die positiven Auswirkungen des Dehnreflexes auszunützen und so eine bessere Leistung zu erreichen (z. B. Ausholbewegung, Übungen mit Anlauf usw.). Das Schnellkrafttraining nach der Negativmethode ist aufgrund der größeren Muskelaktivität wirkungsvoller als das Training mit der dynamisch schnellen Methode (z. B. Reißen ohne Abstellen der Hantel ist günstiger als mit Abstellen). Dadurch ist aber die Belastung des Bewegungsapparates wesentlich größer, was in der lang- und kurzfristigen Planung berücksichtigt werden muß (z. B. keine extremen Tiefsprünge für Jugendliche, nicht alle Trainings mit der Negativmethode).

Es fällt auf, daß nach einem Maximalkraft- oder Schnellkrafttraining nach der Negativmethode viel eher Muskelschmerzen oder Muskelkater auftreten als beispielsweise nach einem isokinetischen Krafttraining. Die Gründe sind darin zu suchen, daß bei einem solchen

Training auch die schnellen Muskelfasern aktiviert werden, die normalerweise sonst nicht eingesetzt werden, und daß bei der schnellen Dehnung auch die passiven Strukturen der Muskelfasern extrem beansprucht werden.

Statisches Krafttraining

Mit dem statischen Krafttraining können die statische Maximalkraft und die Kraftausdauer trainiert werden. In den meisten Sportarten hat diese Trainingsmethode eine untergeordnete Bedeutung, weil sie bewegungsfremd ist und die Koordination dadurch nicht gefördert wird. Das statische Krafttraining hat am ehesten seinen Platz beim Training der Rumpfmuskulatur, weil diese ebensosehr als Haltemuskulatur wie als Bewegungsmuskulatur eingesetzt wird. Beim statischen Krafttraining ist es wichtig zu wissen, daß die Kraft nur bei der trainierten Gelenkwinkelstellung $\pm$ 10° wirkungsvoll trainiert wird.

Maximalkraftentwicklung durch Verbesserung der intramuskulären Koordination

Die intramuskuläre Koordination kann nur durch ein statisches Krafttraining mit sehr hohem Muskeleinsatz über 3–5 s Dauer verbessert werden. Der Muskel steht während dieser Zeit unter einer konstanten Spannung. Dabei wird vor allem die Kraft pro cm^2 Querschnitt gesteigert.

Maximalkraftentwicklung durch Vergrößerung des Muskelquerschnitts

Die Dauer der konstanten Muskelaktivität ist deutlich länger (6–10 s Kontraktionsdauer), aber weniger hoch, so daß diese Variante vor allem querschnittfördernd ist.

Kraftausdauerentwicklung

Beim Kraftausdauertraining mit der statischen Methode werden mehrheitlich die langsamen Muskelfasern trainiert, so daß hohe Laktatproduktionen kaum auftreten dürften.

Trainingsmittel

Alle Trainingsmittel haben sinnvoll eingesetzt ihre Berechtigung. Ihr Einsatz richtet sich nach den Zielsetzungen.

Krafttraining mit dem eigenen Körpergewicht

Das Krafttraining mit dem eigenen Körpergewicht ist sehr sportspezifisch und kann vor allem zur Verbesserung der Schnellkraft und der Kraftausdauer eingesetzt werden. Bei Anfängern können viele Übungen auch eine maximalkraftsteigernde Wirkung haben (z. B. tiefes Froschhüpfen, Klimmzüge usw.). Dieses Training ist vor allem für Jugendliche und Fitneßsportler geeignet. Aus biomechanischer Sicht entspricht das Krafttraining mit dem eigenen Körpergewicht dem Krafttraining mit Hanteln.

Krafttraining mit Hanteln

Beim Hanteltraining können alle Kraftarten gesteigert werden. Der Einsatz dieses Trainingsmittels muß aber sorgfältig geplant werden (S. 173).

Die Bewegungen beim Hanteltraining haben meistens eine sportspezifische Dynamik. Es werden normalerweise mehrere Gelenkwinkel gleichzeitig verändert. Das heißt, die Bewegung ist das Resultat verschiedener Drehmomente. Das Gewicht des Körpers und der Hantel bewirkt entsprechend der Körperstellung ein äußeres Drehmoment auf die zu bewegenden Gelenke. In der Abb. 21 ist diese Situation am Beispiel der tiefen Kniebeugen mit der Scheibenhantel dargestellt.

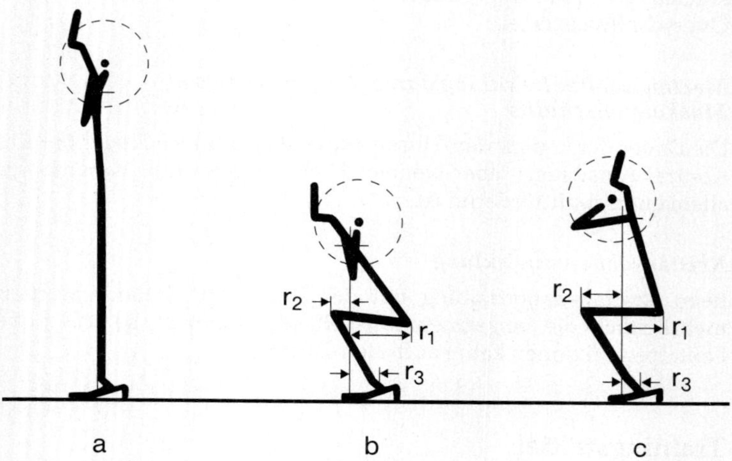

Abb. 21 Unterschiedliche äußere Drehmomente bei den tiefen Kniebeugen

Beim aufrechten Stand mit der Scheibenhantel auf den Schultern (Abb. 21a) geht die Schwerpunktlinie des Systems Körper – Scheibenhantel durch das Kniegelenk. Da somit der Hebelarm (Abstand der Schwerpunktlinie vom Drehpunkt) 0 beträgt, wirkt kein äußeres Drehmoment auf das Kniegelenk. Das heißt, daß die Oberschenkelmuskulatur, die für die Kniestreckung verantwortlich ist, beim aufrechten Stand nicht aktiv sein muß. Geht nun der Athlet in die Hocke (Abb. 21b), nehmen die äußeren Drehmomente entsprechend der Zunahme der Hebelarme r_1, r_2 und r_3 zu und sind bei einer horizontalen Oberschenkelhaltung am größten. Beim Tiefgehen und vor allem beim anschließenden Aufstehen muß der Athlet mit verschiedenen Muskelgruppen Kraft erzeugen, um diese Drehmomente zu bremsen oder zu überwinden. Er braucht für diese Bewegung den Einsatz der Wadenmuskulatur zur Erzeugung eines Drehmoments im Fußgelenk, der vorderen Oberschenkelmuskulatur für das Drehmoment im Kniegelenk und der hinteren Oberschenkel-, Gesäß- und Rückenmuskulatur für das Drehmoment im Hüftgelenk. Damit der Athlet aus der tiefen Kniebeuge wieder aufstehen kann, muß jedes einzelne dieser drei inneren Drehmomente, erzeugt durch die Muskelkräfte und die entsprechenden Hebelarme, größer sein als die äußeren Drehmomente, erzeugt durch das Gewicht des Körpers und der Scheibenhantel und die Abstände dieser Schwerpunktslinie zu den drei Gelenken Fuß, Knie und Hüfte. Je größer die Differenz zwischen den inneren und äußeren Drehmomenten ist, um so größer ist die Bewegungsgeschwindigkeit. Je nach der Kraft der einzelnen Muskelgruppen und der dadurch beeinflußten Körperhaltung sind auch die äußeren Drehmomente beim Aufstehen aus der Hocke von Athlet zu Athlet verschieden. So wird ein Athlet mit einer sehr starken vorderen Oberschenkelmuskulatur diese bei den Kniebeugen auch einsetzen, indem er den Oberkörper aufrecht hält, so daß dadurch das äußere Drehmoment im Kniegelenk durch die Vergrößerung von r_2 erhöht wird (Abb. 21c). Es ist auch möglich, daß man beim Aufstehen aus der Hocke durch eine geringe Lageveränderung des Systems Oberkörper – Hantel die äußeren Drehmomente verändert und noch nicht ausgelastete Muskelgruppen vermehrt belastet. Aus diesen Überlegungen wird auch klar, warum man bei tiefen Kniebeugen wesentlich weniger Gewicht heben kann als bei halben Kniebeugen. Weil die Muskelkraft der Oberschenkelmuskulatur bei allen Kniewinkelstellungen ähnlich groß ist, die Hebelarme r_1, r_2 und r_3 sich aber je nach der Körperhaltung ändern und in der tiefen Hocke sehr groß sind, kann aus einer solchen Position deutlich weniger Gewicht gehoben werden als aus einer hohen Kniewinkelstellung.

Dies ist so, obwohl das innere Drehmoment im Kniegelenk bei tiefen Winkelstellungen relativ günstig ist.
Die Scheibenhantel ist für die meisten Wettkampfsportler das wichtigste Krafttrainingsmittel, insbesondere in der Wettkampfphase.

Krafttraining mit Kraftmaschinen

Beim Training mit Kraftmaschinen kann unterschieden werden zwischen mehrgelenkigen und eingelenkigen Kraftübungen.
Bei den mehrgelenkigen Übungen ist der Widerstand der Kraftmaschine ähnlich jenem der Hantel (z. B. Beinpresse). Allerdings hat der Sportler dabei praktisch keine Ausweichmöglichkeit, so daß die Hüft- und Kniestreckmuskulatur nur im Bereich der Bewegungsumkehr optimal belastet und trainiert werden kann.
Bei den eingelenkigen Übungen an den Kraftmaschinen (z. B. Kniestrecken) werden nur einzelne Muskeln oder Muskelgruppen trainiert. Wenn die Muskulatur über den ganzen Bewegungsumfang gleichmäßig trainiert werden soll, muß das von der Maschine erzeugte äußere Drehmoment kontinuierlich dem inneren Drehmoment angepaßt werden (Abb. 10). Bei den meisten eingelenkigen Kraftübungen ist diese Anpassung schlecht gelöst. Die Muskulatur wird in der gebeugten Position zu wenig, in der fast gestreckten Position zu stark belastet. Das Muskelaktivitätsmuster entspricht meistens nicht jenem sportlicher Bewegungen. Dies bedeutet, daß das Training mit Kraftmaschinen als Aufbautraining durchaus geeignet ist, aber nicht in der Wettkampfperiode eingesetzt werden soll.
Das Training mit den Kraftmaschinen hat jedoch den Vorteil, daß die Verletzungsgefahr wegen der geführten Bewegung bei Ungeübten kleiner ist als das Training mit den freien Hanteln.

Krafttraining mit Partner

Bei den Partnerübungen kann der Partner entweder den Widerstand erzeugen oder die Fixation übernehmen. Normalerweise ist dabei der Widerstand des Partners größer als bei den Trainingsübungen mit dem eigenen Körpergewicht, so daß dadurch die Maximalkraft, und zwar wegen der geführten Bewegung eher der Muskelquerschnitt, gefördert wird. Für das Training der Schnellkraft und der Kraftausdauer gibt es sinnvollere Varianten. Die Partnerübungen haben den großen Vorteil, daß der Partner seinen Widerstand den jeweiligen Kraftverhältnissen des Sportlers anpassen kann, was eine gleichmäßige Trainingswirkung über den ganzen Bewegungsumfang und bei jeder Wiederholung einer Serie gewährleistet. Partnerübungen sind ein geeignetes Trainingsmittel für alle Sportler, vor allem zur Abwechslung im Trainingsbetrieb, aber auch in der Rehabilitationsphase. Sie können das Hanteltraining nicht ersetzen und setzen voraus, daß der Partner seine Aufgabe versteht und den Widerstand richtig anpaßt.

Krafttraining mit Gummizug

Der Gummizug als Trainingsmittel hat seine Funktion vor allem im ergänzenden Krafttraining und in der Rehabilitation, gelegentlich auch im sportartspezifischen Krafttraining (z. B. Zugübungen für die Wurfbewegung). Der Widerstand ist meistens nicht sehr groß und allmählich ansteigend. Deshalb können damit die Maximal- und die Schnellkraft nicht verbessert werden. Die Kraftausdauer kann aber durchaus gefördert werden. Der Gummizug hat den Nachteil, daß der Widerstand mit zunehmender Spannung des Gummizuges immer größer und dadurch möglicherweise ungünstig wird.

Krafttests

Im Trainingsprozeß ist es wichtig, daß der momentane Trainingsstand durch möglichst objektive Tests überprüft werden kann. Im Bereich des Krafttrainings sind folgende Tests zu empfehlen:

Maximalkraft

- Mehrgelenkiger Maximalkrafttest, z. B. Kniebeugen, Bankdrükken, Umsetzen, Reißen usw. Es wird die maximale Belastung bei einmaliger Bewegungsausführung bestimmt (drei Versuche mit genügender Erholungszeit zwischen den Versuchen).
- Eingelenkiger Maximalkrafttest, z. B. Kniestrecken. Der Bewegungsumfang muß genau kontrolliert werden.

Aufwendigere Möglichkeiten sind:

- Cybex-Test;
- statischer Maximalkrafttest mit Hilfe von Dynamometer, Kraftmeßdose oder Kraftmeßplatte.

Diese Maximalkrafttests geben Aufschluß über die maximale Kraft, nicht aber über ihre beiden Komponenten Muskelquerschnitt und intramuskuläre Koordination.

Muskelquerschnitt

- Mehrgelenkiger Krafttest, z. B. Kniebeugen, Bankdrücken, Umsetzen, Reißen. Es wird die Belastung bestimmt, die 10mal bewältigt werden kann (2–3 Serien mit gesteigerten Gewichten und genügender Erholungszeit zwischen den Serien).
- Eingelenkiger Krafttest, z. B. Kniestrecken (gleiches Vorgehen wie beim mehrgelenkigen Krafttest).

Da die Bewegungsgeschwindigkeit bei 10 Wiederholungen nicht so groß ist, spielt die intramuskuläre Koordination eine untergeordnete Bedeutung.
Andere Möglichkeiten zur Muskelquerschnittbestimmung sind:

- Umfangmessung (etwas ungenau);
- Computertomographie (sehr aufwendig).

Intramuskuläre Koordination

- Bestimmung der Differenz zwischen der maximalen Belastung (eine Wiederholung) und der Belastung, die 10mal bewältigt werden kann. Große Differenzen bedeuten eine gute intramuskuläre Koordination. Diese Differenz ist ein gutes Maß für die Beurteilung des Trainingsstandes und für die Trainingssteuerung.
- Beurteilung der intramuskulären Koordination aufgrund des Kraftanstiegs, der mit Hilfe von elektronischen Kraftmessungen aufgezeichneten Kraftkurve.

Schnellkraft

- Jump-and-reach-Test,
- Standweitsprung.

Bei diesen Tests hat die Koordination eine untergeordnete Bedeutung.

Komplexere, aber nicht weniger sinnvolle Schnellkrafttests sind:

- Fünfsprung, beidbeinig oder einbeinig mit Weiten- oder Zeitmessung,
- Medizinballwerfen,
- Kugelschocken.

Die Schnellkraft kann auch mit Hilfe elektronischer Meßmethoden beurteilt werden, z. B. durch die Bestimmung des Kraftimpulses (Kraftmeßplatte).

Es ist sinnvoll, die Schnellkrafttests sportartspezifisch auszuwählen.

Kraftausdauer

- Kraftübungen mit dem eigenen Körpergewicht, die über eine Zeit von 45 Sekunden bis 2 Minuten durchgeführt werden (z. B. Anzahl Klimmzüge oder Strecksprünge).
- Kraftübungen mit Zusatzgewichten und Kraftmaschinen (eingelenkig und mehrgelenkig) im gleichen zeitlichen Rahmen (lokale und allgemeine Kraftausdauer).
- Circuittraining mit unterschiedlichen Kraftübungen und Arbeits-/Pausenzeiten von 45/45 bis 60/60 s.

Bei diesen Krafttests sind die Rahmenbedingungen genau festzulegen. Die Kraftausdauerqualitäten können auch durch Laktatmessungen nach Kraftausdauertests bestimmt werden. Pulsmessungen können wertvolle Informationen geben, sind aber für die alleinige Beurteilung der Kraftausdauer weniger geeignet.

Planung

Wie jedes andere Training soll auch das Krafttraining geplant und systematisch durchgeführt werden. Die Gründe dafür sind nicht nur größere Fortschritte, sondern vor allem gesundheitliche Aspekte.
Die Planung soll langfristig (mehrere Jahre) und kurzfristig (1 Jahr, Perioden) aufgestellt werden.

Langfristige Planung

Das Heben schwerer Gewichte und das Überwinden großer Belastungen darf erst dann erfolgen, wenn die körperliche Entwicklung abgeschlossen ist. Daraus ergibt sich folgende Konsequenz: Für Jugendliche ist das Schnellkrafttraining mit dem eigenen Körpergewicht oder mit kleinen Zusatzgewichten das richtige Krafttraining. Diese Variante ist auch für ältere Sportler richtig, um ins Krafttraining einzusteigen. Extreme Formen des Krafttrainings wie das Maximalkrafttraining mit der Scheibenhantel oder Tiefsprünge verlangen eine langfristige körperliche Vorbereitung.

Die Belastungen und die Anzahl Durchgänge dürfen nur langsam gesteigert werden. Dabei ist zuerst der Belastungsumfang und erst allmählich die Intensität zu erhöhen.
Koordinativ schwierige Übungen sind zuerst mit kleinen Belastungen zu erlernen.

Kurzfristige Planung

Im kurzfristigen Trainingsaufbau müssen zum Erreichen der gesteckten Ziele folgende Punkte beachtet werden:

- Das Krafttraining muß zielorientiert von der Quantität zur Qualität aufgebaut werden.
- In der Phase der Wettkampfvorbereitung sollen die Krafttrainingsübungen der Dynamik und der Struktur der Wettkampfdisziplin entsprechen (sportartspezifisches Krafttraining).
- Allzulange gleiche Trainingsreize führen zu einer Stagnation der Leistung. Deshalb sind die Trainingsmethoden relativ häufig zu wechseln (z. B. jeden Monat). Dies gilt auch für Sportler, welche das Krafttraining als Fitneßtraining betreiben.
- ein gelegentlicher Wechsel der Trainingsübungen hilft mit, die Eintönigkeit zu vermeiden und die Motivation zu erhalten.

Bei der lang- und kurzfristigen Planung des Krafttrainings ist daran zu denken, daß dieses Training immer durch ein Ausdauer- und Beweglichkeitstraining und wenn möglich durch ein Training der koordinativen Fähigkeiten ergänzt werden soll.

Krafttraining bei Frauen

Der anabole Effekt des Testosterons ist in erster Linie verantwortlich für den Kraftunterschied zwischen Mann und Frau. Die Frau verfügt sowohl relativ wie absolut über weniger Muskelmasse. Bei der untrainierten Frau beträgt der prozentuale Anteil der Muskulatur an der Gesamtkörpermasse 36%, beim untrainierten Mann dagegen 42%. Die absolute Gesamtkraft der Frauen ist ungefähr 60–65% derjenigen der Männer, wobei der Unterschied im Oberkörperbereich (54%) größer ist als im Bereich der Beine (68%). Der geschlechtsspezifische Unterschied der relativen, also auf das Körpergewicht bezogenen Kraft liegt zwischen 20 und 25%. Dieser Unterschied bleibt auch bei gut trainierten Athletinnen bestehen.
Die Steigerung der Kraft durch das Krafttraining ist bei Männern und Frauen prozentual ähnlich. In einem Trainingsprogramm für Frauen werden die gleichen Übungen und Geräte gewählt wie bei Männern.
Umfang und Intensität der Übungen und Trainingseinheiten richten sich nach den gleichen Richtlinien.

Krafttraining für Kinder und Jugendliche

Bei der Entwicklung der körperlichen Leistungsfähigkeit im Kindes- und Jugendalter hat auch der Faktor Kraft eine Bedeutung. Dies deshalb, weil Kinder im Schulalter durch eine ungenügend ausgebildete Muskulatur im Rumpf-, Schulter- und Hüftbereich nicht selten eine Haltungsschwäche zeigen.
Das Trainieren der Kraft ist in allen Altersstufen möglich. Bis zur Pubertät gibt es zwischen Knaben und Mädchen kaum Unterschiede in der Muskelmasse und Muskelkraft. Der Muskelanteil an der Gesamtkörpermasse beträgt 27%. Durch die hormonelle Umstellung während der Pubertät erhöht sich der Muskelanteil bei den Knaben auf ungefähr 42% und bei den Mädchen auf 36%. Die Muskulatur nimmt auch bei einem übertriebenen Krafttraining, geschützt durch die auftretende Ermüdung, kaum Schaden; beeinträchtigt wird aber der passive Bewegungsapparat. Die während des Wachstums gegenüber den Erwachsenen herabgesetzte Belastbarkeit der Knochen, Knorpel, Bänder und Sehnen setzt die Grenzen für die Intensität und Dauer eines Krafttrainings. Die Adaptation des passiven Bewegungsapparates an gesteigerte Belastungen nimmt mehrere Wochen in Anspruch, während die Muskulatur schon innerhalb kurzer Zeit nach einem Trainingsreiz mit funktionellen und morphologischen Veränderungen reagieren kann. Ebenfalls dauert die Wiederherstellungszeit beim passiven Bewegungsapparat wesentlich länger als bei der Muskulatur. Um Schäden am Bewegungsapparat durch Krafttraining zu verhindern, ist ein auf Spezialisierung ausgerichtetes einseitiges Training zu vermeiden. Die Muskulatur muß in dieser Alterskategorie möglichst umfassend gekräftigt werden. Das Training soll dabei vor allem Schnellkraftcharakter haben.

Im *Vorschulalter* ist ein eigentliches Krafttraining nicht sinnvoll. Können die Kinder ihren Bewegungsdrang ausleben, werden genügend Entwicklungsreize auf die Muskulatur und den passiven Bewegungsapparat gesetzt.
Im *frühen Schulalter* soll dieser Bewegungsdrang so gerichtet werden, daß über eine dynamische Kräftigung die gesamte Muskulatur und speziell auch die Haltemuskulatur gestärkt werden. Im *späten Schulalter* werden systematische Übungen mit dem eigenen Körpergewicht und kleinen Zusatzgewichten durchführbar.
Während der *Pubertät* kommt es durch die Testosteronausschüttung zu einem Längenwachstumsschub und durch die anabole Wirkung dieses Hormons zu günstigen Bedingungen für die Kraftentwicklung. Das vermehrte Längenwachstum setzt vorübergehend

die Belastbarkeit des passiven Bewegungsapparates und vor allem der Wirbelsäule deutlich herab. Dieser Umstand ist trotz der nun verbesserten Trainierbarkeit der Muskulatur gebührend zu berücksichtigen. Kraftübungen mit dem eigenen Körpergewicht und möglichst kleiner Belastung der Wirbelsäule sind in dieser Phase zu bevorzugen.
In der *Adoleszenz* gleicht sich das Krafttraining dem des Erwachsenenalters an. Die Steigerung der Belastung erfolgt kontinuierlich über den Trainingsumfang und erst später über eine Intensitätssteigerung.

Krafttraining im Alter

Die Altersveränderungen stellen einen äußerst komplexen Vorgang dar. Viele Faktoren tragen zur Leistungsverminderung im Verlauf des Älterwerdens bei. Die Abnahme der Muskelkraft geht parallel zur Abnahme der Testosteron-Östrogen-Produktion. Hettinger konnte zeigen, daß die absolute Kraft schon ab dem 30. Lebensjahr abnimmt (Abb. 22). Um als älterer Sportler das Kraftniveau zu steigern oder halten zu können, ist ein enormer Trainingsaufwand notwendig. So wird das Ziel des Krafttrainings im Alter sein, den Kraftabbau möglichst zu verlangsamen.

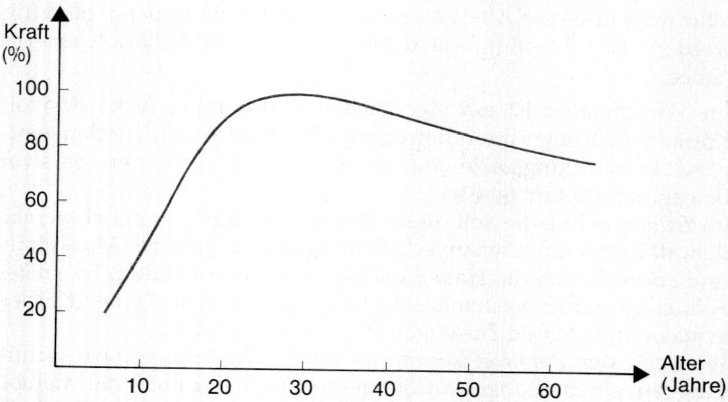

Abb. 22 Muskelkraft in Abhängigkeit vom Alter (nach Hettinger 1983)

Auch die koordinativen Fähigkeiten nehmen mit zunehmendem Alter rasch ab, so daß komplexe Bewegungsabläufe unter Belastung im Alter weniger harmonisch ablaufen und so die Gefahr von Verletzungen der Muskeln, Sehnen und Bänder beinhalten. Verlust des Gleichgewichtes und Stürze beim Krafttraining können wegen langsamerer Leitgeschwindigkeit der Nerven häufig nicht vermieden werden. Die Beweglichkeitsverminderung im Alter stellt in Verbindung mit Abnützungserscheinungen der Gelenke und der Wirbelsäule einen weiteren Faktor bei der Auswahl von Kraftübungen dar. Extreme Bewegungen mit starken Belastungen am Umkehrpunkt der Bewegung sollen vermieden werden. Bei der dynamisch langsamen Krafttrainingsmethode wird die Anzahl der Wiederholungen bei komplexen Ganzkörperübungen häufig nicht durch die Energiebereitstellung im Muskel, sondern durch die Leistungsfähigkeit des Herz-Lungen-Kreislauf-Systems begrenzt.

7 Literatur

Adam, K., J. W. Werschoshanskij: Modernes Krafttraining im Sport. Bartels & Wernitz, Berlin 1975
Bührle, M.: Grundlagen des Maximal- und Schnellkrafttrainings. Hofmann, Schorndorf 1985
Dirix, A., H. G. Knuttgen, K. Tittel: Olympiabuch der Sportmedizin. Deutscher Ärzteverlag, Köln 1989
Egger, J. P.: Krafttraining. Eidgenössische Turn- und Sportschule, Magglingen 1983
Ehlenz, H., M. Grosser, E. Zimmermann: Krafttraining. BLV, München 1983
Fidelus, K., J. Kocjasz: Atlas der Trainingsübungen. Bartels & Wernitz, Berlin 1981
Grosser, M., St. Starischka: Konditionstests. BLV, München 1981
Grosser, M., St. Starischka, E. Zimmermann: Konditionstraining. BLV, München1981
Herzog, K.: Körperbau und Bewegung. Enke, Stuttgart 1981
Hettinger, T.: Isometrisches Muskeltraining, 5. Aufl. Thieme, Stuttgart 1983
Howald, H.: Morphologische und funktionelle Veränderungen der Muskelfasern durch Training. Schweiz. Z. Spotmed. 31 (1984) 5–14
Jonath, U., R. Krempel: Konditionstraining. Rowohlt, Reinbek 1981
Kunz, H. R., E. Unold: Zielgerichtetes Krafttraining. Eidgenössische Turn- und Sportschule, Magglingen 1986
Kunz, H. R., E. Unold: Muskeleinsatz beim Krafttraining. Eidgenössische Turn- und Sportschule, Magglingen 1988
Letzelter, H., M.: Krafttraining. Rowohlt, Reinbek 1986
Märker, K.: Frau und Sport. Barth, Leipzig 1983
Matwejew, L. P.: Grundlagen des sportlichen Trainings. Sportverlag, Berlin 1981
Röthig, P.: Sportwissenschaftliches Lexikon, 5. Aufl., Hofmann, Schorndorf 1983
Schmidtbleicher, D.: Maximalkraft und Bewegungsschnelligkeit. Limpert, Bad Homburg 1980
Schneider, W., J. Dvořák, V. Dvořák, T. Tritschler: Manuelle Medizin: Therapie, 2. Aufl. Thieme, Stuttgart 1989
Spring, H., U. Illi, H.-R. Kunz, K. Röthlin, W. Schneider, T. Tritschler: Dehn- und Kräftigungsgymnastik, 2. Aufl. Thieme, Stuttgart 1988
Tittel, K.: Beschreibende und funktionelle Anatomie des Menschen, 9. Aufl. Fischer, Stuttgart 1981
Weineck, J.: Sportanatomie. Perimed, Erlangen 1981
Weineck, J.: Optimales Training, 2. Aufl. Perimed, Erlangen 1986
Weineck, J.: Sportbiologie. Perimed, Erlangen 1986
Wiederkehr, J.: Elektromyographische Messungen bei Trainingsübungen und Konsequenzen für die Praxis. Dipl.-Arb., ETH Zürich 1986
Wolff, H. D.: Neurophysiologische Aspekte der manuellen Medizin, 2. Aufl. Springer, Berlin 1983
Yamada, H.: Strength of Biological Materials. Krieger, Huntington, N. Y. 1973